Patricia Franke

# Authentisch!

**PATRICIA FRANKE,** auch bekannt als Ms. Kick-Ass, ist ein frischer Wirbelwind auf dem internationalen Coaching & Speaker Markt. Als Expertin für Authentizität, Unternehmerin, Sängerin, Kick-Ass Coach und Autorin versprüht sie Witz, Charme & Warmherzigkeit gepaart mit einem enormen Wissen aus der Persönlichkeitsentwicklung. Sie lebte einen Großteil Ihres Lebens in Costa Rica, London & Melbourne. Während dieser Zeit entwickelte sich ihr Herzensthema: die Authentizität. »Jeder Mensch sucht den Zugang zu sich selbst – irgendwann«, sagt sie selbst. Als zertifizierter Life/Business Coach arbeitet sie mit Klienten aus dem persönlichen wie beruflichen Bereich. Seit Anfang 2019 betreibt sie den #1 Podcast »Kick-Ass Living – How To Become Your Most Authentic Self«, der regelmäßig in den Topcharts von itunes und Spotify ist. Hier dreht sich alles um Themen rund um die Persönlichkeitsentwicklung & Mindfulness. Sie verbringt ihre Zeit am liebsten mit ihrem wundervollen Mann, ihren zwei Herzensmädels & Mops Jacek in Hamburg und an der Ostsee.

Mehr unter:

Webseite: www.patriciafranke.com
Online Academy: www.kal.academy

@patriciakickass

Patricia Franke – Kick-Ass Living

YouTube Patricia Franke

August 2021

Patricia Franke

# Authentisch!

## Wie du glücklich wirst, ohne dich zu verbiegen

Liebe Valerie,

alles Liebe - Bleib'
gesund & vor allem
glücklich!

Patricia

TRIAS

Schön, dass du da bist 7
Au-then-ti-zi-tät 15

**Authentizitätskiller 1 24**

Die Meinung anderer überbewerten 25

**Authentizitätskiller 2 44**

Nach Perfektion streben 45

**Authentizitätskiller 3 68**

Grenzenlos nett sein 69

**Authentizitätskiller 4 86**

Im toxischen Umfeld verharren 87

**Authentizitätskiller 5 108**

Auf das Betrüger-Syndrom hereinfallen 109

**Authentizitätskiller 6 122**

Sich mit anderen vergleichen 123

**Authentizitätskiller 7 138**

In negativen Gedanken verharren 139

## Authentizitätskiller 8 158

Gefühle unterdrücken 159

## Authentizitätskiller 9 176

Immer stark sein wollen 177

## Authentizitätskiller 10 190

Keine Verantwortung im Leben übernehmen 191

## Authentizitätskiller 11 206

Angst vor der Stille haben 207

## Authentizitätskiller 12 220

Den Tod fürchten 221

## Finale 234

Let's get naked! 235
Die VAV-Methode 245

Danksagungen 249
Buchempfehlungen 251

Für die Menschen, die mich wahre Authentizität lehrten und mir ermöglichten, mein nacktes Ich zu zeigen:

**Christian, Zayed, Lorena & Eduardo**

— In tiefer Liebe & Dankbarkeit.
Con amor y gratitud. —

# Schön, dass du da bist

AUTHENTIZITÄT IST DAS NEUE BUZZWORD DER WELT. Egal, ob man die Manager-Magazine aufklappt oder das dezent nach Räucherstäbchen duftende, esoterische Magazin quasi mit seinen Gedanken öffnet, überall springt einem der Begriff »Authentizität« entgegen. »Sei doch einfach authentisch!«, »Sei du selbst!«, »Sei ein Original und keine Kopie!« und so weiter. Authentizität ist derzeit Trend. Doch wo beginnt die wirkliche Reise zu uns selbst und wo gucken wir uns wieder einfach nur bei anderen ab, was gerade angeblich authentisch ist?

Kennst du diesen Zwiespalt? Auf der einen Seite fühlen wir uns magisch angezogen von der Aussage, uns einfach so zu geben, wie wir wirklich sind, ohne dabei ständig den Bauch einziehen zu müssen: »Oh Gott, wie anstrengend!« Auf der anderen Seite sind wir täglich verwirrter durch den Überfluss an Informationen durch Social Media und Co. Bin ich jetzt wirklich »ich«, wenn ich auf Hipster-Bärte stehe oder gibt mir das die derzeitige Welt vor? Darf ich überhaupt noch alte Werte schätzen oder macht mich das spießig?

SCHUBLADE AUF, SCHUBLADE ZU. Kennst du diese Art von Fragen? Sollte ich jetzt lieber vernünftig und gesellschaftlich angemessen handeln oder doch einfach tun, was mein Herz mir sagt, auch wenn es völlig außerhalb der Erwartungen meiner Familie und der Gesellschaft liegt?

Mit 30 ist man verheiratet, hat ein Haus gebaut und möglichst zwei Kinder auf die Welt gebracht? Natürlich genderneutral und vegan, um im aktuellen Trend zu bleiben. Stringente Konzernkarriere ohne Lücke im Lebenslauf – doch nicht so cool? Ist jetzt nicht eher ein Start-up in Berlin oder einer anderen europäischen Metropole viel angesagter? Darf der Bart jetzt noch dranbleiben oder sind doch wieder Milchgesichter in Mode? Oder doch lieber in die Fußstapfen der Familiensippe treten und rein in ein vermeintlich »sicheres« Leben fernab von der eigenen Leidenschaft? Apropos, was war denn noch einmal Leidenschaft und auf welchem Social-Media-Kanal darf ich sie mir anschauen?

**LEIDENSCHAFT ALS ABONNEMENT AUF INSTAGRAM ANSTATT IM WAHREN LEBEN.** Die Erwartungen anderer sind der Killer für unsere eigene Authentizität. Wir verbiegen uns häufig so sehr, dass wir in einer Show von Cirque du Soleil auftreten könnten, allerdings mit dem Unterschied, dass es bei unserer Performance keinen Applaus gibt, sondern nur Frust, Depression und im schlimmsten Fall: ein Burnout. Es ist daher nicht verwunderlich, dass die Krankenkassen hierzu jährliche Reports veröffentlichen, die einem Angst machen. Burnout- und Erschöpfungsraten verdoppeln sich nicht mehr einfach – laut Studien der Techniker Krankenkasse vervielfachen sie sich zum Teil um das 18-Fache. Das muss man sich einmal vorstellen: nicht verdoppelt, nicht verdreifacht, sondern verACHTZEHN-facht.

Woher ich das alles so genau weiß? Weil es mir selbst viele Jahre in meinem Leben so erging. Ich war viele Jahre selbst nicht ganz im Reinen mit mir und bin sicherlich auch deshalb zur Expertin für die eigene Authentizität geworden. Denn solche vermeintlichen Experten entstehen dadurch, dass sie selbst absolut blutige Anfänger waren. Doch dazu später noch mehr.

**WIE BEGANN DENN NUN ALLES?** Ich bin das Kind polnischer, politisch Asylsuchender, die in den 1970er-Jahren vor dem Kommunismus geflüchtet sind mit dem Ziel, endlich in Freiheit leben zu können. Vermutlich ist Freiheit daher in meiner DNA so fest verankert. Meine Eltern erzogen mich mit viel Disziplin und bläuten mir stets ein, bloß nicht aufzufallen, denn schließlich waren wir Fremde in dem Land, das nur wenige Jahre vorher das eigene Vaterland überfallen hatte. So bestimmte eine gewisse Zurückhaltung meine Kindheit – bloß nicht zu laut, bloß immer unter dem Radar bleiben. »Schreib doch bitte in dein Klassenbuch, dass deine Staatsangehörigkeit deutsch ist und nicht polnisch. Was sollen sonst die Leute denken?« Dies ist in keiner Weise eine Rüge an meine Eltern. Sie haben in diesem Moment das Beste gewollt. Sie agierten aus Angst, Erwartung und der ständigen Sehnsucht, endlich frei zu sein – nicht nur räumlich, sondern vor allem innerlich. Sicherlich waren sie auch oft überfordert mit den Möglichkeiten, die sich ihrer in Deutschland geborenen Tochter plötzlich boten. Eine kommunistische Erziehung hinterlässt ihre Spuren auch in der Folgegeneration und so litt ich, wie viele andere auch, unter mangelndem Selbstwert und Selbstbewusstsein. Das Unterdrücken der eigenen inneren Stimme, um bloß nicht aufzufallen, um bloß angepasst zu sein, ging auch an mir nicht spurlos vorbei. Ich entwickelte in meiner Jugend die Essstörung Bulimie, die mich ein gutes Jahrzehnt lang begleitete. Zusätzlich hatte ich diesen enormen Drang herauszufinden, wer ich wirklich war und wie ich das ausleben konnte, was sich immer wieder mal durch diese leise, innere Stimme bemerkbar machte.

Bei meinem Entschluss, nach London zu gehen, um zu studieren, ging es weniger um das Studium als darum, mich selbst zu finden. Zu dem Zeitpunkt fühlte ich mich ausgebrannt, leer, gestresst und zog durch meine Reise in meine eigene Authentizität die Notbremse. Herausgekommen sind 14 Jahre im Ausland, etwa 500 gelesene Bücher zum Thema Persönlichkeitsentwicklung, eine Ausbildung in Neuro-Linguistischem Programmieren (NLP) und zum Life Coach, eine gescheiterte und eine zweite glückliche Ehe, mittlerweile eine Passion für Meditation- und Schweige-Retreats, sechs Jahre als Showgirl auf dem Welt-Parkett und meine jetzige Tätigkeit als internationale Coachin, Autorin und Speakerin.

**»Es bedarf Mut, erwachsen zu werden und der zu werden, der wir sind.«**

**E.E. Cummings**

Ich glaube ganz fest daran, dass die Welt sich derzeit in einem »Shift« befindet. Wir sind die neuen Generationen, die einen unendlichen Zugang zu Informationen haben und mittlerweile so gefrustet von unserer Außenwelt sind, dass wir endlich bereit sind, nach »innen« zu schauen. Wer bin ich wirklich unter all den konditionierten Schichten von Gesellschaft, Familie, Umwelt und Bildungssystem? Was macht mich aus und warum ergeben viele bisherigen Handlungsweisen und Gesellschaftsmodelle keinen Sinn mehr? Und wie kann ich mein Leben anders leben und vor allem dabei glücklich sein?

Der Hunger auf ein authentisches und glückliches Leben ist mittlerweile zu einer kollektiven Sehnsucht in unserer Welt geworden. Wir leben in den sichersten Verhältnissen der Menschheitsgeschichte und sind mit dem kleinen Computer in unserer Hosentasche per Klick mit der ganzen Welt verbunden. Und doch sind wir heute unzufriedener, einsamer, unglücklicher und gestresster als jemals zuvor.

Der stetige Informationsfluss informiert auf der einen und verunsichert auf der anderen Seite; dabei tragen wir doch alles, was wir brauchen, bereits in uns selbst, nur haben wir den Zugang dazu verloren. Instinktiv wissen wir, dass die Welt, so wie sie gerade funktioniert, noch nicht alles gewesen sein kann. Wir befinden uns im ständigen Wechsel zwischen Wissbegierde und Ablenkung. Auf der einen Seite haben Yoga, Meditation und alles Spirituelle Hochkonjunktur und zum anderen betäuben wir uns mit Social Media, Netflix und schnellen Affären à la Tinder.

Dieses Buch ist keine klassische Motivationslektüre, in der es darum geht, schneller, weiter und besser als die anderen zu sein, sondern es geht darum, die ehrlichste und somit glücklichste Version deiner selbst zu werden. Dies ist meine Mission. Mein Herzensprojekt und die Motivation für dieses Buch. Auch ich musste das ein oder andere erst selbst durchleben, um anderen helfen zu können. Während des gesamten Buches spreche ich dich auch mit »Du« an, damit meine Worte persönlicher und tief greifender für dich sind.

In uns allen steckt als Authentizität die Liebe, unsere Wahrhaftigkeit, unsere Begeisterung für das Leben, die wir über die Jahre verlernt oder entlernt bekommen haben. Je weiter wir uns von ihr entfernen, umso trüber und trauriger wird unsere Existenz und zurück bleibt nur dieses Gefühl, dass etwas fehlt. Diese Leere versuchen wir täglich zu füllen – durch exzessives Shopping, Essen, Sport, Konsumierung von Alkohol und Drogen, schnelle Affären, Sex, Ablenkung durch Onlinespiele, Social Media, Netflix und so weiter und so fort. Die Liste ist lang und immer steckt dahinter, dass wir im Außen nach etwas suchen, womit wir bereits geboren sind und zu dem wir schlicht den Zugang verloren haben.

**WARUM KICK-ASS?** »Kick-Ass« steht für Eigenverantwortung. Den eigenen Tritt in unseren Allerwertesten in unsere eigene Authentizität, unsere eigene Wahrhaftigkeit, in ein Leben, das lebenswert ist. Wie viele von uns geben die Verantwortung an die Außenwelt ab?

- Ich kann das nicht, weil ich das nie gelernt habe.
- Ich kann das nicht, weil ich sonst jemanden enttäuschen würde.
- Ich kann das nicht, weil das andere viel besser können.
- Ich kann das nicht, weil sonst jemand schlecht über mich denken würde.
- Ich kann das nicht, weil ich zu alt/jung/klein … bin.

Die Liste dieser Art von Aussagen ist lang und wird oftmals mit viel Energie verteidigt. Doch genau hier liegt die Herausforderung. Wenn wir den Mut aufbringen, wirklich nach innen zu schauen und zu fühlen, erkennen wir, was wirklich in uns verborgen liegt. Nur dann müssen wir uns nicht mehr vergleichen, keine vermeintlichen Erwartungen mehr erfüllen und legen nicht mehr so viel Wert auf die Meinung anderer.

> **»Leidenschaft fällt uns mittlerweile als Abonnement auf Instagram leichter als im wahren Leben.«**
> **Patricia Franke**

Ich glaube fest daran, dass jeder Mensch mit einer besonderen Berufung geboren wurde und dass der Sinn des Lebens darin besteht, herauszufinden, wie diese lautet und wie wir sie leben können. Mein Lebensmotto lautet daher: Let's get naked! Einmal unter unsere konditionierten Schichten schauen, um zu erkennen, wer wir wirklich sind. Wir sind nämlich voller Fülle und Chancen. Wir haben heutzutage alle Möglichkeiten der Welt und nutzen dies so oft trotzdem nicht, weil wir permanent perfekt abgelenkt sind. Durch die Medien, Social Media und unseren inneren Dialog: unsere persönliche Horror-Show, die uns permanent suggeriert, nicht gut genug für unsere Träume zu sein. Dieser Dialog wurde uns irgendwann durch Erziehung, alte Verletzungen, unser Bildungssystem, die Gesellschaft, unsere Umwelt etc. antrainiert und allein dieses Wissen ist bereits unser Schlüssel zum Glück, denn es bedeutet, dass wir allein es in der Hand haben, unser Leben zu ändern

Was du hier in den Händen hältst, ist deine Chance zu deiner persönlichen Freiheit, deinem persönlichen Glück. Wie bei Indiana Jones wird es Abenteuer in Form von Höhen und Tiefen geben, es gibt wackelige Bastbrücken irgendwo in den Tropen und mit Sicherheit wird auch mal das Gefühl aufkommen, »nackt« auf dem Times Square zu stehen, doch am Ende lohnt es sich. Den Mut zu haben, mal

wirklich nach innen zu schauen und diesbezüglich zu handeln, wird sich auszahlen. Versprochen.

- Du bekommst Kick-Ass-Übungen, Routinen, den Zugang zu deiner exklusiven Onlinemediathek mit geleiteten Meditationen und Challenges.
- Du wirst ehrlicher zu dir selbst, da du erkennst, was deine wahren Werte für jeden deiner Lebensbereiche sind.
- Du bekommst mehr Klarheit über das Gefühl von Liebe in dir, das über die Jahre unterdrückt wurde.
- Du verstehst, dass du dein Glück bereits in dir trägst und zu jedem Zeitpunkt beginnen kannst, dieses Glück zu leben, egal wie alt oder jung du bist.
- Du wirst insgesamt zufriedener, da du endlich so agieren kannst, wie du es für richtig hältst, und du dich dadurch von dem vermeintlichen Druck der Außenwelt löst.
- Du erlaubst dir, dich ohne deine Maskierung zu zeigen.
- Du erkennst, dass Authentizität mit Mut zur Verletzlichkeit zu tun hat, und lernst dies umzusetzen.
- Alle Tools in diesem Buch sind jahrelang erfolgreich erprobt durch mich und meine Coachingklienten. Es liegt an dir, die Verantwortung für dein Leben zu übernehmen und Dinge umzusetzen. Mit ein wenig Geduld und Kontinuität wirst du es schaffen – ich glaube an dich!

It's all up to you. Positive Nebenwirkungen bei konstanter Umsetzung garantiert. Ebenfalls versprochen.

Ich freue mich auf dich. Let's kick ass and let's do it!

Deine Patricia

# Au-then-ti-zi-tät

—— »Höhepunkt des Glückes ist es, wenn der Mensch bereit ist, das zu sein, was er ist.« —— Erasmus von Rotterdam

Dass das mit der Authentizität nicht so ganz einfach ist, merkt man schon am Wort. Au-then-ti-zi-tät hat etwas von »dorithricin«. Wer aus meiner Generation der Siebziger stammt, kennt vielleicht noch die passende TV-Werbung dazu. Ein charmantes Kind, das sich mit der doch etwas komplizierten Aussprache des Namens der Halstabletten schwertut. »Doriti, hust, hust. Oh Mann, das ist zu schwer.« – »Dotri-ricin? Hust, hust.« Am Ende hilft es, dass der kleine Sohn seinem Vater die Silben einfach nachspricht: »Do-ri-thri-cin. Ist doch ganz einfach, Papa.«

Machen wir den Selbstversuch. Also nun mal alle zusammen, gerne laut ausgesprochen: Au-then-ti-zi-tät. Und noch mal mit etwas mehr Nachdruck:

AU-THEN-TI-ZI-TÄT!

Siehst du, geht doch. Ich gebe zu, ich habe das auch mehr als 1000 Mal geübt und tue das auch heute noch. Genauso, wie man üben muss, authentisch zu sein. Klingt provokant? Ist es auch, aber lies weiter. Wir kommen noch dazu.

Wenn ich als Speakerin auf der Bühne stehe, dann befrage ich gern als Erstes mein Publikum. »Was bedeutet für euch Authentizität?«

Hier erwartet mich in den meisten Fällen erst einmal eine gefühlt ewige Stille. Man hört praktisch nur noch das Rattern im Kopf des Publikums. »Jetzt bloß nicht als Erster etwas sagen.« »Ehrlich jetzt, interaktiv? – Och, ne!« »Fällt das auf, wenn ich das jetzt schnell googele?« »Bloß nix Falsches sagen jetzt! Ich könnte ja ausgelacht werden.«

Das Schöne ist, dass niemand Stille lange aushält und früher oder später hört man die erste sich räuspernde Stimme: »Ehrlich zu sich selbst sein.« Super. Schon mal ein guter Anfang. Und sonst noch? Da wir Menschen ja Herdentiere sind, ploppen nach dem ersten mutigen Freiwilligen mehr und mehr Kommentare aus dem Zuschauerraum auf – wie frisches Popcorn aus dem dampfenden Topf im Kino. Es wird zunehmend enthusiastischer und lauter. »Unverfälscht sein.« »Ein Unikat.« »Transparent.« »Mutig. Lebendig.« »Glücklich.« »Zufrieden.« »Sicher. Verlässlich. Zuverlässig.« »Wahrhaftig.« »Konstant.« »Nach den eigenen Werten leben.« Juchu! Klingt das nicht wundervoll? Warum sind wir all das dann so oft einfach nicht, verdammt noch mal?

Na, weil zu Authentizität noch ein weiterer Begriff fehlt – der wichtigste überhaupt, der, den ich nur sehr selten aus dem Zuschauerraum höre. Stell dir bitte einen kleinen Trommelwirbel vor, denn hier kommt der Star des Abends höchstpersönlich im goldenen Pailletten-Frack: Verletzlichkeit.

Während ich vorhin die Stille beschrieb, der ich meist am Anfang meines Vortrags begegne, kommt jetzt der zweite Moment, in dem es ruhig wird. Oft kann ich eine Stecknadel fallen hören, so leise ist es.

Verletzlichkeit.

»Oh Mann – die mag nun wirklich keiner.« Weder die Frauen noch die Männer. Auch wenn gern vermutet wird, dass Verletzlichkeit eher etwas für die Frauen ist, so emotional und so. Warte mal – ich schau mal kurz nach – nö, ist definitiv nicht so! Frauen tun sich mit Verletzlichkeit häufig noch schwerer und sind wesentlich kritischer zu sich selbst als Männer. Verletzlichkeit ist etwas, womit sich die meisten von uns schwertun, denn Verletzlichkeit ist unbequem, macht Angst und verwundbar. Ich arbeite deshalb auch gern mit dem Begriff »Nacktheit« als Synonym für Verletzlichkeit. Beide sind sich nämlich sehr ähnlich: Beide sind natürlich, schön und vor allem oft unbequem. Ich hatte im Vorwort ja bereits angedeutet, dass es eventuell um nackte Tatsachen auf dem Times Square gehen kann, und vermutlich arbeite ich wegen meines Showgirl-Daseins während meines Studiums so gern mit diesem Begriff. Verletzlichkeit ist die Essenz von Authentizität und Mut ist der Schlüssel dazu. Und das fühlt sich schnell genauso unkomfortabel an, wie wenn du dich mitten im Büro vor versammelter Belegschaft auf Knopfdruck ausziehen müsstest. »Ding, dong! Liebe Belegschaft, es wieder so weit. Naked Monday! Heute hat Frau Müller das Glück, sich nackt auszuziehen. Lasst sie uns dazu motivieren. Und alle im Chor!« – »Ausziehen, ausziehen, ausziehen!«

Solltest du jetzt Nudist sein, hast du vermutlich eher weniger Probleme damit. Gehörst du aber zu dem Großteil der Menschen, der lieber angezogen bei der Arbeit ist, dann kannst du nachempfinden, dass sich diese Situation sehr schnell peinlich und unangenehm anfühlt. So einfach alle Hüllen fallen zu lassen ist nicht nur kalt – es sei denn, wir haben Hochsommer –, sondern vor allem auch noch total beängstigend. Wer zeigt sich schon gern einfach so, wie er wirklich ist, mit allen vermeintlichen Problemzonen, Makeln, Neurosen, Schwächen, Emotionen etc.? Genau das macht Authentizität aber aus. Wir sind so, wie wir sind, und das ist gut so. Ich habe letztens in der Buchhandlung eine tolle Postkarte dazu gesehen: »Sei einfach du selbst! – Es kommt doch sowieso früher oder später raus!« Stimmt genau! Nur leider suggeriert uns unsere Gesellschaft das Streben nach Perfektion und macht es uns dadurch beinah unmöglich, ohne Maske aufzutreten. Die Angst vor der eigenen Entblößung ist allgegenwärtig und real. Verletzlichkeit ist immer noch etwas, das als schwach angesehen wird.

»Reiß dich zusammen!« »Jetzt bloß keine Blöße zeigen!« »Sei keine Heulsuse!« Wer hat diese Sätze nicht schon einmal gehört und, viel schlimmer noch, wendet sie bei sich und anderen regelmäßig an? Auch hier, lieber Leser, es sei dir verziehen. Im dritten Kapitel, in dem wir uns mehr mit den Programmierungen befassen, wirst du sehen, dass du oft gar nicht anders kannst, als so zu handeln, wie du es eben tust.

Verletzlichkeit ist eine Emotion, ein Gefühl, das weder negativ noch positiv behaftet ist. In jungen Jahren lernen wir, dass Schwäche etwas ist, das wir nicht zeigen dürfen. Unsere Eltern erziehen uns vielleicht so, weil sie nicht möchten, dass wir unnötig verletzt werden. Doch dies führt dazu, dass wir diejenigen sind, die uns letztlich verletzen, indem wir uns verbiegen wie die Akrobaten und wir uns nie trauen, unser wahres Ich zu zeigen. Wir erhalten somit keinen Applaus, sondern erschaffen einen ständigen und verheerenden Zwiespalt in uns selbst. Soll ich oder soll ich nicht? Darf ich oder darf ich nicht?

In meiner Arbeit als Coachin und Speakerin sehe ich in dieser Hinsicht eine zunehmende Belastung der Menschen. Stress, Antriebslosigkeit und Traurigkeit sind das Resultat. Die stark ansteigenden Burnout-Raten, die ich bereits am Anfang erwähnte, möchte ich hier noch einmal unterstreichen. Achtzehnfach! Verletzlichkeit wird schnell verbunden mit Scham, Angst, Trauer, Wut und Enttäuschung. Diese Emotionen wollen die wenigsten gern öffentlich besprechen, doch sie gehören genauso dazu wie Freude, Begeisterung, Spaß und Liebe. Ohne sie zeigen wir uns nur zur Hälfte und verdrängen einen großen Teil von uns. Denn dadurch, dass wir alle negativen Gefühle runterschlucken und sie verstecken, vergeben wir auch die Chance, uns zu verbessern, an uns zu arbeiten und uns wirklich ohne alle Masken zu präsentieren. Und alles, was man mit Druck unterdrücken will, kommt wie ein aufgeblasener Wasserball im Meer mit extra Kraft nach oben.

Hinzu kommt, dass viele Menschen sich ihrer Werte gar nicht vollständig bewusst sind. Ich selbst wurde vor vielen Jahren nach meinen Werten gefragt und konnte damals nur salopp antworten: »Werte hat doch jeder. Sei nett zu deinen Nachbarn. Hilf der alten Dame über die Straße. Bring niemanden um, auch nicht deinen Chef oder Ehemann.« Du merkst, ich übertreibe vielleicht ein wenig, aber so richtig definieren konnte ich meine Werte damals noch nicht.

Sich so zu zeigen, wie man ist, und zu sich selbst zu stehen ist immer mit Risiko verbunden. Dies ist genau das, was die meisten von uns scheuen, denn schließlich wird uns ja permanent eingebläut, dass wir bloß keine Risiken eingehen sollen. Unsere Gesellschaft ist aufgebaut auf Angst und Mangel, damit sie auch dementsprechend gehorsam funktioniert.

Du kannst zwischenzeitlich auch mal auf meiner Webseite vorbeischauen und dir unter »Deine Freebies« zusätzliche, kostenlose Coaching-Tools zu dem Thema runterladen: https://patriciafranke.com/de/deine-freebies/

- Angst davor, den Job zu verlieren.
  Bloß nicht dem Chef widersprechen und bloß keinen unbefristeten Arbeitsvertrag verlassen. Der Arbeitsmarkt ist viel zu unsicher.
- Angst davor, eigene Träume zu verwirklichen.
  Träume sind schön, aber auf Instagram besser platziert, denn da muss man nichts für sie tun. Man geht kein Risiko ein zu scheitern. Und wenn es noch nicht schön genug ist, gibt es irgendwo sicherlich den passenden Filter.
- Angst davor, nicht gut genug zu sein, warum also dann überhaupt versuchen.
  Das gibt es doch schon alles auf der Welt und wer bin ich, dass ich etwas ändern könnte?
- Angst davor, nicht sicher zu sein.
  Die derzeitige Politik macht es einem hier nicht gerade leicht.
- Angst vor der Meinung anderer.
  Wenn die anderen mich so sehen, wie ich wirklich bin, dann werden sie mich nicht akzeptieren.
- Angst davor, nicht attraktiv genug zu sein.
  Die Schönheitsindustrie zeigt mit Photoshop unerreichbare »Ideale«.

- Angst davor, einfach nur Mittelmaß zu sein.
  Social Media geben es vor. Wir verbringen die Zeit damit, das vermeintlich perfekte Leben der anderen zu betrachten, und vergleichen uns. Das schürt Frust, Unsicherheit und Depression.
- Angst davor, nicht perfekt zu sein.
  Die Medienlandschaft hat uns hier perfekt im Griff: unerreichbare Ideale und die Glorifizierung von Übertalenten.

So ist es nicht verwunderlich, dass die Angst, nicht akzeptiert zu sein, uns dazu verleitet, Masken aufzusetzen.

Dieser Punkt erinnert mich immer an eine Situation aus meinem frühen Erwachsensein. Nach meinem Abitur sang ich in einer Funk/Jazz Band in Hamburg. Unser Übungsraum lag zentral, aber etwas düster in der Süderstraße. Wer sich nicht so gut in meiner Heimatstadt Hamburg auskennt, dem sei kurz erklärt, dass die Süderstraße in der Nähe des Hauptbahnhofs liegt und neben diversen verlassenen, alten Fabrikräumen, die man herrlich als Proberaum nutzen konnte, vor allem auch der Mittelpunkt des Straßenstrichs ist. Daher beschloss ich, mir ein Auto zuzulegen, um den nächtlichen Vorkommnissen zu entgehen und nicht immer auf die Begleitung meiner Bandkollegen angewiesen sein zu müssen. Das Praktische an der Süderstraße sind die Kfz-Zulassungsstelle um die Ecke und die vielen verschiedenen billigen Gebrauchtwagenhändler. So ging unser Band-Leader also mit mir zu Ali. Ali war einer seiner vielen Kumpel und außerdem ein Riesenfan unserer Musik. So kam es, dass ich nach nicht einmal fünf Minuten Besitzerin eines völlig verrosteten, aber noch voll funktionstüchtigen Ford Fiesta wurde – für damals stolze 250 DM. Und jetzt kommt's! – mit halb vollem Tank. Als ob der Applaus meiner Bandkollegen wegen des Schnäppchens nicht noch größer werden konnte, präsentierte mir Ali bei Kaufvertragsunterschrift auch noch einen Mazda-Schlüsselanhänger mit den Worten: »Siehst du, jetzt kannst du allen zeigen, dass du einen Mazda fährst und nicht nur einen Ford Fiesta!« Er sagte dies in seinem charmanten, türkischen Akzent mit einem breiten Grinsen im Gesicht.

Tja, was sollte ich dazu noch sagen?! Wenn das mal keine perfekte Maskierung war? Aus Ford Fiesta mach Mazda! Was für ein Upgrade! Darf ich erwähnen, dass der Ford Fiesta alias Mazda es danach sogar noch zwei Mal ohne gutes Zureden durch den TÜV geschafft hat?!

Genau dieses Beispiel mit dem vermeintlich besseren Schlüsselanhänger erleben wir doch so häufig selbst im Leben, oder etwa nicht? Versuchen wir nicht oft genug, uns krampfhaft besser darzustellen, um bloß mehr Anerkennung zu bekommen, um endlich mehr geliebt zu werden, wenn die Antwort doch in unserer eigenen Akzeptanz liegt und nicht im Außen? Oder sehen wir das immer nur in anderen Menschen so und nicht in uns selbst?

»Wie verhält sich das bei dir mit dem Ford Fiesta und dem Mazda?«

Doch solche Art von Maskierung kann nicht nur schön aussehen, sondern vor allem auch gefährlich sein. Denn neben der Verheimlichung unseres Selbst haben sie noch den Effekt, dass wir früher oder später zu dem werden, was wir nach außen tragen. Nehmen wir einmal den venezianischen Karneval als Beispiel. Die ersten Feierlichkeiten fanden 1296 statt und das Tragen von Masken ermöglichte es den Menschen aus niederen sozialen Klassen, daran teilzunehmen, ohne erkannt zu werden. Somit konnte ein Fest ausgerichtet werden, auf dem niemand diskriminiert wurde. Der Maskenball erlaubte es jedem, sich so zu geben, wie er ist, ohne Angst davor, entlarvt zu werden, denn die Masken machten ja alle Leute gleich. So konnte man sich ungeniert über die Politik oder die jeweiligen Stadtherrscher lustig machen. Doch es gab auch negative Nebeneffekte: Die Masken »erlaubten« es den Menschen auf einmal, kriminell zu sein. Der venezianische Karneval wurde nach Mitternacht zu einem Paradies für Raubüberfälle und andere kriminelle Machenschaften – und keiner wurde erkannt.

Eine Maske versteckt zwar dein Gesicht, aber nicht, wer du wirklich bist. Mit der Zeit findet eine Vermischung statt und am Ende weißt du nicht mehr genau, ob du deine Maske gerade noch trägst oder sie schon ablegt hast.

Unsere Gesellschaft schreit: »Sei du selbst!«, doch gibt es selten eine Anleitung dazu und stattdessen belohnt sie die perfekte Fassade mit Anerkennung und Bewunderung, gern auch mit Likes und Kommentaren. Umso schwerer wird es für uns, wirklich zu unterscheiden: Bin ich jetzt wirklich »ich« oder die Maske, die ich zum Schutz trage? Unterschwellig suggeriert uns die Welt ständig, dass wir nicht gut genug sind. Das Resultat ist, dass wir verunsichert sind, viele von uns sich dadurch kategorisch ablehnen und beginnen, sich zu betäuben, um die unbequemen Gefühle zu ersticken. Dabei verhält es sich mit unseren Ängsten, uns so zu zeigen, wie wir wirklich sind, häufig so wie mit den muffigen Wollmäusen unter unseren Betten. Ich kann offen zugeben, dass es unter meinem Bett auch nicht immer picobello aussieht. Für den Fall, dass jemand fragt und meint, bei mir als Expertin für Authentizität müsste man vom Boden essen können: Bei mir unterm Bett wohnt die ein oder andere Wollmaus und das trotz Saugroboter! Tja, nobody is perfect!

Wollmäuse = unsere Ängste oder, wenn wir zurück in unsere Kindheit gehen, symbolisieren sie die vermeintlichen Monster in unseren Schränken oder eben unter unseren Betten. Sie wirken größer, als sie wirklich sind und vor allem furchteinflößender, beängstigender und überhaupt schrecklich. Doch was geschieht, wenn wir mit unserem Kuscheltier Schafi und einer Taschenlampe bewaffnet in die Monsterhöhlen schauen? Dann finden wir nichts weiter vor als hässliche, leicht muffig riechende und vor allem völlig harmlose Wollmäuse. Genau das sehen wir auch, wenn wir den Mut haben, unserer Angst davor, zu zeigen, wer wir wirklich sind, mal grell mit der Taschenlampe ins Gesicht leuchten. Ebenso wie die Wollmäuse recht friedlich bleiben und weggesaugt werden können, können auch unsere Ängste verschwinden, wenn wir sie uns genau anschauen und ihnen begegnen.

So einfach, wie ich es beschreibe, ist es tatsächlich, doch wurde uns das Gegenteil gelehrt. Wir können die Dinge in der Außenwelt weder kontrollieren noch ändern, doch wir können etwas an unserer Einstellung ändern. Wenn wir unsere Wahrnehmung verändern und die Wollmäuse als etwas harmloses erkennen, dann wird auch unsere Angst viel weniger. Alles in unserem Leben steht und fällt mit unserer Wahrnehmung. Den Fluss des Lebens können wir meist kaum beeinflussen, doch wir können Einfluss nehmen, wie wir auf Situationen reagieren. Mit unserer eigenen persönlichen Taschenlampe ausgestattet, die jeder Mensch in sich trägt, liegt es also bei uns, das Licht auf die vermeintlich gruseligen Ereignisse zu richten und sie damit weniger furchteinflößend zu machen.

Schauen wir uns also an, was die sogenannten Authentizitätskiller sind und welche Gegenmittel parat stehen. Mit ein wenig Geduld und Praxis lassen sich viele davon Stück für Stück auflösen. Du gewinnst dadurch ein besseres Gefühl für dich selbst und entwickelst ein gesundes Selbstvertrauen.

**— Du hast zu jedem Zeitpunkt die Wahl, deine Wahrnehmung und Einstellung gegenüber deiner Außenwelt zu ändern – das ist deine persönliche Freiheit. —**

**Patricia Franke**

# Authen-tizitäts-killer 1

# Die Meinung anderer überbewerten

## »Was sollen bloß die Leute denken«

Diesen Satz kennt bestimmt jeder und dieser Satz hat mich in meiner Kindheit unglaublich geprägt, denn meine Oma aus Warschau hat ihn oft gesagt – wenn auch in etwas anderen Worten: »Das gehört sich nun wirklich nicht. Was sollen denn bloß die anderen denken, wenn ihr

- … nicht zu Kaffee und Kuchen vorbeikommt.«
- … der Einladung von Tante Teresa nicht folgt.«
- … euer Kind einfach so frei erzieht.«
- … euch scheiden lasst.«
- … einfach so nach Deutschland flieht und für viele Jahre nicht mehr zurückkommen dürft.«

Boom! Der letzte Satz hat gesessen. Ich erinnere mich an endlos scheinende Diskussionen zwischen meinen Eltern und Großeltern. Auch hier ist keine Rüge im Spiel, sondern eine reine Beobachtung und das Entstehen von Mitgefühl, wenn man sich beide Generationen genauer anschaut. Die eine ist von zwei Weltkriegen und dem Kom-

# Bedürfnispyramide

(nach Maslow)

munismus geprägt und die andere von Rock 'n' Roll, Zensur und den wilden 1970er-Jahren. Die eine, die Änderung nicht zulassen wollte, und die andere, die es nicht erwarten konnte, endlich auszubrechen. Doch es müssen nicht immer gleich solch extremen Umstände sein, die uns diesen Satz spüren lassen. Wenn ich mich heute in der Welt umschaue, in der wir zumindest in der westlichen Welt alle Möglichkeiten und Freiheiten haben, dann existiert die Angst davor, was andere über uns denken, noch genauso.

Dies hat seinen Ursprung in der Steinzeit, denn das Zugehörigkeitsgefühl ist quasi in unserer DNA verankert. Gehen wir mehrere 10 000 Jahre zurück, dann gab es damals verschiedene humanoide Gruppen, doch nur eine Gruppe hat sich am Ende durchgesetzt: der Typ von Mensch, den wir heute kennen. Dieser Typ Mensch lebte zumeist in Gruppen, meist von etwa 200 Mitgliedern. Dies hatte den Vorteil, dass man sich gemeinsam vor Gefahren wie wilden gefräßigen Tieren, anderen Stämmen und Völkern oder Umwelteinflüssen schützen konnte. Somit ist es nicht verwunderlich, dass das Bedürfnis nach Zugehörigkeit für uns Menschen ganz weit oben in der sogenannten Maslow'schen Bedürfnispyramide steht.

Das Streben nach Anerkennung und Zugehörigkeit ist also seit Jahrtausenden fest in unserer DNA verankert. Und mit der Einführung des Internets und den sozialen Medien haben wir nicht nur ein viel größeres Publikum, eine größere Zugehörigkeitsgruppe, bekommen, sondern noch zwei weitere Bedürfnisse: WLAN und Akkuleistung.

Die Angst, was andere über uns denken, hat sich also noch vergrößert, da unser Umfeld durch den virtuellen Bereich größer geworden ist. Der Satz »Was sollen bloß andere von mir denken« ist somit präsenter denn je.

Ja, was sollen bloß die Leute von so einer Lektüre wie dieser hier denken? Werden sie sie akzeptieren? Vielleicht auch mögen? Oder gar umsetzen? Das liegt nicht in meiner Hand, und wenn es dir so geht wie mir damals und den meisten Menschen da draußen, dann kennst du diesen Satz »Was sollen bloß andere von mir denken« bestimmt auch ganz gut.

Was werden bloß meine Eltern denken, wenn sie herausfinden, dass ich mich gegen den konventionellen Weg und für mein eigenes, freies Leben entschieden habe? Was werden sie denken, wenn sie merken, dass ich meiner Leidenschaft nachgehe, die nicht ganz oder vielleicht auch gar nicht in ihr Weltbild passt?

Was wird bloß mein Chef denken, wenn er herauskriegt, dass ich den Kunden an die Konkurrenz verloren habe? Wird er mich feuern?

# Moderne Grundbedürfnisse

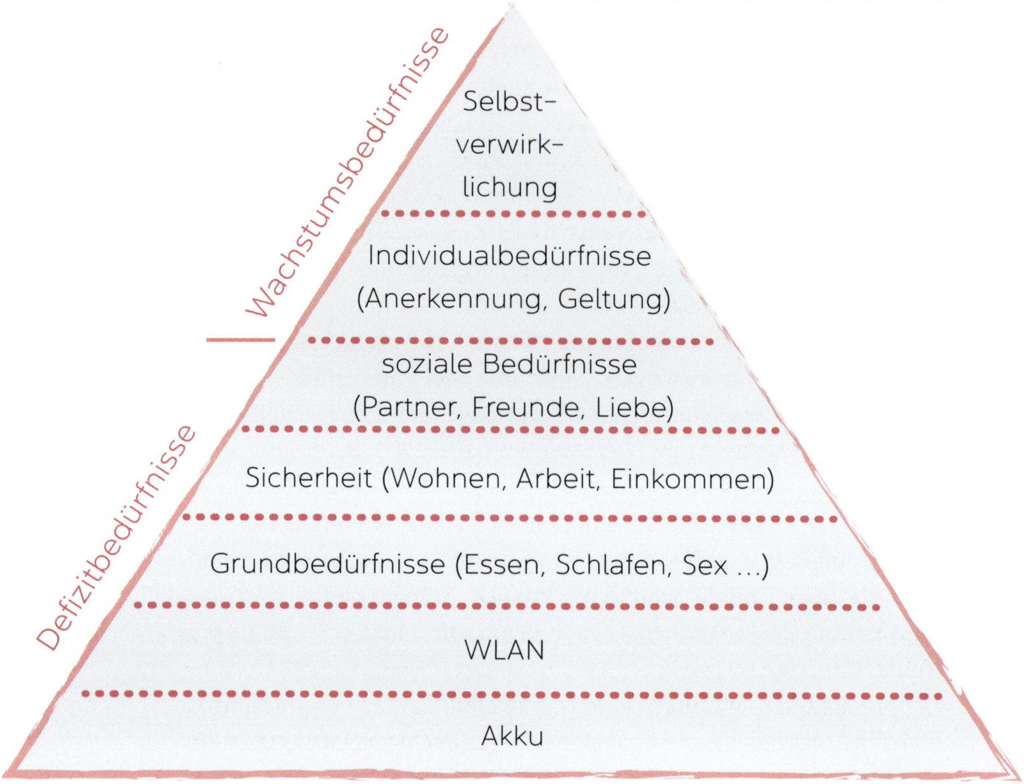


Wird er sich darin bestätigt fühlen, was er immer schon wusste, dass ich nichts kann, nichts wert bin, ein Versager bin?

Was wird bloß mein Umfeld denken, wenn es erfährt, dass ich mich scheiden lasse? Wie werden sie mich bewerten, was werden sie über mich sagen? Werden sie es mir verzeihen? Werden sie an meiner Seite stehen oder mich auch verlassen?

Was werde ich selbst über mich denken, wenn ich es wieder nicht schaffe, meine neuen Routinen durchzuhalten oder ein neues selbstgestecktes Ziel zu erreichen? Werde ich mich selbst kasteien, wütend auf mich sein, im schlimmsten Fall enttäuscht von mir sein? Aber viel schlimmer ist doch – was werde ich bloß über mich denken, wenn ich mein Leben nicht so lebe, wie ich es für richtig halte?

Kennst du diese Gedanken? Ich persönlich kann mich an jeden einzelnen von ihnen in meinem Leben erinnern und an viele mehr. Noch besser kann ich mich an die beißenden Gefühle in mir erinnern, die daraus entstanden: die Wut in mir, die Traurigkeit, den inneren Druck. Bei näherem Hinsehen wird schnell klar, dass die meisten dieser Gedanken nur die dunkelgrauen, etwas muffig riechenden Wollmäuse unter unseren Betten sind – auch bei den Sauberkeitsfanatikern unter uns. Doch im ersten Moment wirken diese staubigen Viecher erst einmal sehr groß und bedrohlich. Sie sind der Hauptgrund, warum wir Menschen oft nicht authentisch sind. Zu 99% denken wir darüber nach, was andere über uns denken.

In meinen Vorträgen erzähle ich daher auch gern diese Geschichte, um all das anschaulicher zu machen: Ich habe vor einigen Jahren mein erstes Buch veröffentlicht – »Showgirl« – unter meinem Pseudonym Juliana Darling. Es geht um meinen kleinen Ausflug während des Studiums in die Showgirl-Welt. Da ich zu diesem Zeitpunkt in den Mühlen der Konzernwelt steckte, entschloss ich, meinen damaligen Bühnennamen als Autorennamen zu verwenden, um meine Identität zu schützen. Ich stellte mir vor, wie ich in einem Bewerbungsgespräch nur noch zu dieser Zeit befragt werden würde, und war mir unsicher, ob dies meinen Chancen auf dem deutschen Arbeitsmarkt nicht schaden würde. »Frau Franke, erzählen Sie doch mal, welcher ihr schwerster Pole-Dance-Trick war. Können Sie den auf unserer Weihnachtsfeier einmal vorführen, wenn wir Sie einstellen?«

Als besagtes Buch in die Buchhandlungen kam, machte ich mich also auf in die Thalia-Filiale in der Europa Passage in Hamburg. Mein Herz klopfte so laut, dass ich mir sicher war, dass jeder es hören könne. Zum einen war dies mein erstes Buch und zum anderen offenbarte ich damit einen intimen Teil meiner persönlichen Geschichte, von dem nicht einmal meine Eltern bis dato wussten. Ich war richtig aufgeregt. So aufgeregt, dass ich das Buch nicht gleich finden konnte.

Ich fragte also einen Verkäufer danach und rechnete mit folgenden klassisch kühlen und norddeutschen Antworten: »Moin, keine Ahnung, muss ich schauen.« »Moin, haben wir nicht.« Oder »Moin. Moin.« Womit ich überhaupt nicht rechnete, war, dass dem Mann ein Riesengrinsen über das Gesicht huschte und er freudestrahlend rief: »Klar! Das kenne ich. Hab ich gerade mit meiner besten Freundin gelesen. Spannende Story. So mutig von der Autorin, sich so frei und offen dem Thema zu stellen.« Mit geheimnisvoller Stimme legte er nach: »Und wussten Sie, die Autorin soll eine waschechte Hamburgerin sein. Na, die würde ich gerne mal kennenlernen. Von wem haben Sie denn die Empfehlung?«

Stille. Schockzustand.

> **»Gott hat Dir ein Gesicht gegeben, doch Du zeigst der Welt ein anderes.«**
>
> **William Shakespeare**

Das Blut schoss mir auf einmal nur so in die Wangen und ich begann zu stottern: »Ohja, klingt spannend. Echt mutig. Hamburgerin sagten Sie – ach ja? Hat mir eine Freundin empfohlen.« Alles, was danach passierte, erlebte ich nur noch wie in einer Art Trance. Mein Kopf war so knallrot wie die Sale-Schilder in der näheren Umgebung. Ich trottete hinter dem Verkäufer her in die richtige Abteilung und hielt alsbald auch schon eine Ausgabe meines Buchs in der Hand. »Eh voilà. Na, dann wünsche ich Ihnen viel Spaß beim Lesen und Ausprobieren.« Er zwinkerte mir dabei übertrieben zu und dachte sich bestimmt, dass ich dringend mal lockerer werden müsse. Ich hingegen musste mich erst einmal setzen. Was war gerade passiert? Warum hatte ich den Verkäufer glatt angelogen, anstatt die Wahrheit zu sagen?

Weil ich zu 100 % damit beschäftigt war, mir auszumalen, was er von mir denken könnte, wenn er wüsste, wer ich bin. »Kommt die Frau doch in den größten Buchladen Hamburgs, um nach ihrem eigenen Buch Ausschau zu halten. Schon etwas arrogant und selbstverliebt!«

Aber hätte er das wirklich gedacht? Oder war dieser Gedanke vielmehr ein Konstrukt aus den konditionierten Mustern meiner Familie, die mir schon früh als Kind eingebläut wurden: Bloß nicht auffallen, bloß nicht stolz sein auf die eigenen Erfolge?

Wer weiß, ob der Verkäufer wirklich so verurteilend gedacht hätte. Vielleicht hätte er geschmunzelt und ein paar Fragen zum Inhalt gestellt oder eventuell hätte er wirklich die Stirn gerunzelt und sich seinen Teil gedacht. Doch letztlich ist das doch völlig egal. Ich war in diesem Moment nicht authentisch und konnte nicht zu mir stehen. Das ist doch viel schlimmer als die Meinung einer anderen Person. Diese kleine Geschichte soll augenzwinkernd veranschaulichen, warum wir Menschen eben oft nicht so ganz ehrlich mit uns sind. Weil wir zu 99 % Angst haben davor, was andere über uns denken können.

Für die, die es nicht so mit Gott und Religion haben, ziehe ich gern ein Konzept aus Asien hinzu. Dort gibt es die Auffassung, dass jeder Mensch drei Gesichter hat.

- Das erste Gesicht zeigt man nach außen in der Öffentlichkeit und Fremden gegenüber, beispielsweise beim Einkaufen oder im Job.
- Das zweite Gesicht zeigt man seiner Familie, seinem Partner, seinen Freunden oder Kindern.
- Das dritte Gesicht zeigt man nur sich selbst, wenn man allein mit sich ist. Dies ist dein wahres Gesicht.

Natürlich braucht man eine gewisse Abgrenzung im eigenen Leben und es ist auch völlig normal, dass man ab und an verschiedene Rollen einnimmt. Die Elternrolle unterscheidet sich von der Partnerrolle oder der der Freundesrolle und das ist auch gut so und völlig normal. Ungesund wird es dann, wenn die Rollen zu weit auseinandergehen und wir zum Beispiel im wahren Gesicht ganz anders sind als im Außen. Wenn die drei Gesichter sozusagen plötzlich kilometerweit auseinanderliegen. Dann spüren wir Stress, Druck und allgemeines Unbehagen. Spätestens dann müssen wir eingreifen, damit sich nicht

Frust oder – noch schlimmer Krankheit – entwickeln können. Je mehr wir uns selbst verneinen, desto unzufriedener und verstrickter fühlen wir uns. Die emotionalen Wunden, die wir uns damit zufügen, manifestieren sich irgendwann zu körperlichen Symptomen. Dazu komme ich aber noch etwas später im Buch.

Wenn wir zu sehr darüber nachdenken, was andere vermeintlich über uns denken, hilft es zunächst, sich darüber klarzuwerden, dass die meisten Menschen ihren eigenen negativen Dialog im Kopf haben. Wir haben durchschnittlich 60 000 Gedanken am Tag. Was meinst du, wie viele der Gedanken sind negativer Natur? Sage und schreibe 70–80 %!

Also auch dein Chef, deine Eltern, dein Freundes- und Bekanntenkreis und auch die fremden Menschen auf der Straße denken prozentual gesehen mehr negative Gedanken als positive. Ich finde das auf der einen Seite beunruhigend und auf der anderen Seite hilft es zu verstehen, dass – egal welchen Mist du gerade gemacht hast – du vermutlich nicht im Top Ranking der Gedanken dieser Personen bist. Und wenn dann nur für einen kurzen Zeitraum, bis du durch eine neue Instagram- oder Facebook-Story ersetzt wirst.

Die meiste Zeit sind die Menschen nämlich mit sich selbst beschäftigt. Mit ihrem eigenen Kritiker, ihrer eigenen persönlichen Horror-Show, mit ihren eigenen Unzulänglichkeiten. Befreie dich also davon, dir Gedanken darüber zu machen, was andere von dir halten. Denn am Ende bist du für dich am wichtigsten. Was denkst du über dich und dein Leben? Was wirst du am Ende des Lebens rückblickend von deinem Leben halten? Wirst du dich daran erinnern, was andere über dich gedacht haben, oder wirst du bedauern, nicht mit der Taschenlampe unters Bett geschaut zu haben?

Folgendes Buch hat mich diesbezüglich ganz besonders inspiriert: »5 Dinge, die Sterbende am meisten bereuen: Einsichten, die Ihr Leben verändern werden.« von Bronnie Ware, einer australischen Palliativkrankenschwester.

In ihrer achtjährigen Tätigkeit als Krankenschwester auf der Palliativstation hat Bronnie Ware eine Menge Patienten auf deren letztem

Weg begleitet und genau beobachtet, welche Erfahrungen die Menschen in ihren letzten Atemzügen machen. Wie erleben sie die letzten Stunden und worum geht es final? Geht es um Geld, um Macht, um Ruhm oder um ganz fundamentale Fragen wie die, ob man seine Zeit richtig genutzt hat? Nahm man sich Zeit für Freunde und Familie? Hat man der Welt etwas hinterlassen und sie zu einem besseren Ort gemacht? Was bereut man und war man am Ende wirklich glücklich?

Die fünf Versäumnisse, die die meisten umtrieben, habe ich für dich nachfolgend kurz zusammengefasst:

## Ich wünschte, ich hätte nach meinen Vorstellungen gelebt

»Ich wünschte, ich hätte den Mut gehabt, mir selbst treu zu bleiben, statt so zu leben, wie andere es von mir erwarteten.« Dieser Gedanke ist das Bedauern, das man am häufigsten von Menschen auf dem Sterbebett hört, und auch von Leuten, die ein Nahtoderlebnis hatten. Sie alle berichten das Gleiche: Solange wir gesund sind, haben wir die enorme Freiheit, das zu tun, was wir tun möchten. Bronnie Ware berichtet, dass die meisten der sterbenden Menschen, die sie begleitet hat, nicht einmal die Hälfte ihrer Träume gelebt haben.

**FRAGE AN DICH:** Was wirst du bereuen, wenn du heute nicht damit anfängst, in deine Wahrhaftigkeit zu treten?

## Ich wünschte, ich hätte nicht so viel gearbeitet

Dieses Bedauern kam in erster Linie von Männern, die einen Großteil der Kindheit ihrer Kinder und Zeit mit der Partnerin verpasst hatten. Sie bedauerten, dass sie so hart gearbeitet und zu wenig Zeit mit ihrer Familie verbracht hatten. Auch Frauen sprachen von diesem Versäumnis, allerdings nicht sehr viele, da die von Ware betreuten Frauen der Generation angehörten, in denen die Frauen meist als Hausfrau zu Hause geblieben waren.

**FRAGE AN DICH:** Wie ist das bei dir? Für was arbeitest du so hart und hast du ein konkretes, zeitlich absehbares Ziel dabei oder tust du dies nur, weil du meinst, du musst das tun? Für wen genau musst du das tun? Für deine persönliche Anerkennung oder ist die Stimme, die dich antreibt, eine andere Person, eventuell jemand aus deiner Familie?

## Ich wünschte, ich hätte meine Gefühle nicht unterdrückt

Viele Patienten sprachen darüber, dass sie ihre Gefühle unterdrückt hatten, um den Frieden mit ihren Mitmenschen zu wahren. Das Resultat war, dass sie sich nicht für ein Kick-Ass-Leben entschieden, sondern ihre wahre Natur unterdrückten. Die Angst vor Verletzlichkeit ist hier wieder das Thema. Viele versuchten, ihre unbequemen Gefühle zu verdrängen, was sich dann in Verbitterung und Krankheit manifestierte.

**FRAGE AN DICH:** Gibt es Bereiche in deinem Leben, in denen du deine wahren Gefühle unterdrückst? Warum ist das so? Was müsste geschehen, damit du in der Lage wärst, deine Gefühle zu zeigen und anzusprechen?

## Ich wünschte, ich hätte den Kontakt zu meinen Freunden gehalten

Viele der Sterbenden vermissten auf dem Totenbett ihre Freunde. Ihnen wurde plötzlich bewusst, dass sie über die Jahre kaum noch Freundschaften gepflegt hatten, da sie zu sehr mit ihrem eigenen Leben und den dazugehörenden Problemen beschäftigt waren. Gerade in unserer heutigen digitalisierten Zeit nimmt dieses Verhalten zu, da wir in der Illusion leben, durch Social Media am Leben der anderen teilzunehmen und teilzuhaben. Doch tun wir das wirklich?

FRAGE AN DICH: Wie oft siehst du deine Freunde? Bemühst du dich um regelmäßigen Kontakt? Bist du präsent, wenn ihr euch trefft? Und welche Freunde möchtest du wieder einmal kontaktieren? Mache gleich heute den ersten Schritt und vereinbare ein Treffen.

## Ich wünschte, ich hätte mir mehr Freude gegönnt

Auch diesen Satz hörte Bronnie Ware besonders oft. Viele der Sterbenden hatten bis zum Schluss nicht verstanden, dass jeder Mensch selbst die Verantwortung für sein persönliches Glück trägt. Sie gaben zu, lieber in ihrer Komfortzone zu bleiben, als etwas an ihrem Leben zu ändern. Die Angst vor einer Veränderung war so groß, dass sie sich und anderen einredeten, dass sie zufrieden seien, obwohl sie es in Wirklichkeit nie waren.

FRAGE AN DICH: Erlaubst du dir, glücklich zu sein? In welchen Momenten klappt das schon gut und in welchen Momenten nicht so gut? Warum ist das so? Was müsstest du machen, um glücklicher zu sein? Wovor hast du Angst? Ist diese Angst real oder doch eher eine muffig riechende Wollmaus?

# Gegenmittel 1
# Deine drei Gesichter

Für diese Übung brauchst du ein Blatt Papier oder du benutzt ein Notizbuch. Male nun drei ineinanderliegende Kreise auf. Der äußerste Kreis steht für dein erstes Gesicht – das Öffentlichkeitsgesicht. Der zweite für dein Familiengesicht und der dritte für dein wahres Gesicht.

> **Andere erkennen ist weise. Sich selbst erkennen ist Erleuchtung.** — Laotse

Schreibe nun zu jedem Gesicht, wann du es einsetzt – zum Beispiel im Job, auf Reisen, im Umgang mit Fremden, vielleicht auch bei gewissen Familienmitgliedern oder anderen Menschen in deinem Umfeld. Wichtig ist, dass du dir Zeit nimmst und ehrlich bist. Leg dein Handy weg oder schalte es am besten auf Lautlos, sodass du nicht gestört wirst.

- Stelle dir nun zu deinem dritten Gesicht eine Situation vor, in der du es verwendest. Wie sieht das genau aus? Wo bist du und in welchem Kontext? Du kannst auch gern kurz die Augen schließen. Atme fünfmal nacheinander tief ein und aus. Atme ganz bewusst und konzentriere dich auf die Reaktionen deines Körpers. Je ruhiger und entspannter du wirst, umso tiefer kannst du in dein Unterbewusstsein hineinfühlen.
- Nutze bewusst alle Sinnesorgane – vielleicht schmeckst du etwas Bestimmtes, riechst etwas oder hörst etwas? Vielleicht spürst du etwas direkt in deinem Körper. Ziept es irgendwo besonders oder fühlt sich ein Teil schwer an? Dann atme zwischendurch immer wieder ganz bewusst und tief ein und aus und gehe in die Entspannung.

- Wie fühlt es sich an, wenn du dich auf dein drittes Gesicht konzentrierst? Vertraut? Wohlig, souverän? Oder eher angestrengt?

Bei dieser Übung ist es völlig egal, welche Gedanken dir kommen. Egal, wie wirr oder schräg sie sind. Schreib alles einfach erst einmal auf. Du brauchst nichts zu analysieren. Es geht hierbei nur um eine Bestandsaufnahme. Als Nächstes schreibst du auf, welche Eigenschaften dein drittes Gesicht aufweist, beispielsweise:

**POSITIV:** motivierend, auffordernd, zielstrebig, einfühlsam, verständnisvoll, empathisch, freundlich, liebevoll, humorvoll, energetisch, dynamisch, präsent, interessiert, kraftvoll, ehrlich, diszipliniert, großzügig usw.

**NEGATIV:** fordernd, streng, unfair, kalt, überfordert, ärgerlich, herrschsüchtig, dominant, verständnislos, ergebnisorientiert, arrogant, distanziert, kühl, abwesend, laut, launisch, sadistisch, angeberisch usw.

Nun hast du zwei Listen für dein drittes Gesicht. Überlege dir nun:

- In welchen Situationen benutzt du es am meisten und mit welchen Personen? Gibt es Personen wie Freunde, Familie oder Partner, denen du dein drittes Gesicht überhaupt nicht offenbaren kannst? Warum ist das so?
- Welche Eigenschaften hat dein drittes Gesicht und wie fühlt es sich an?

Versuche, nicht zu verkopft an die Übung heranzugehen, sondern erlaube dir, in dich hineinzufühlen. Jedes Mal, wenn du merkst, dass sich dein Kopf zu sehr einmischt, schließe die Augen und atme bewusst ein und aus.

Nun wiederholst du die Übung für die anderen beiden Gesichter und schreibst jeweils wieder auf, welche Eigenschaften jedes Gesicht hat und in welcher Situation du es verwendest.

- Wie fühlt es sich an? Was siehst du? Was riechst, schmeckst oder hörst du? Nutze alle deine Sinne und schreibe auf, was dir in den Sinn kommt.
- In welchen Situationen benutzt du welches Gesicht und mit welchen Personen?
- Welche positiven und negativen Eigenschaften beschreiben deine Gesichter?

Wenn du fertig bist, nimm etwas Abstand und begutachte, was du aufgeschrieben hast. Fällt dir etwas Bestimmtes auf? Hast du die Ergebnisse der Listen so erwartet oder gibt es Diskrepanzen? Bist du in jedem Gesicht so, wie du es dir vorgestellt hast? Wo liegen die Unterschiede und was müsste passieren, damit sich alles stimmig anfühlt?

Mach auch jetzt noch mal eine kleine Pause. Nimm dir 20 Minuten Zeit für eine geleitete Meditation aus meiner Online-Mediathek, geh kurz an die frische Luft, treib ein wenig Sport oder mach ein Mittagsschläfchen, damit du dich innerlich wieder resetest. Ich empfehle meinen Klienten oft, dass sie die Übung machen, kurz bevor sie zu Bett gehen, und die Fragen beantworten, wenn sie am nächsten Morgen erfrischt aufwachen.

Wichtig ist bei allen Übungen, dass sie immer wertfrei zu betrachten sind. Du musst den Fehler nicht bei dir suchen, wenn sich noch nicht alles stimmig anfühlt. Die Selbstkritik hast du vorher schon ausgeübt. Und hat sie dir geholfen? Na, siehst du, eben nicht.

Wenn du grundsätzlich Schwierigkeiten haben solltest, abzuschalten, empfehle ich dir, eine geleitete Meditation aus meiner eigens für dich kreierten Online-Mediathek anzuhören. Du wirst dadurch ruhiger und viel klarer. Du kannst dich hier einloggen: https://patriciafranke.com/freebies

Mit jedem Mal, wenn du mit der Taschenlampe gezielt auf deine Angst leuchtest, wirst du ehrlich zu dir selber und kannst dementsprechend Veränderungen in dir und deinem Leben bewirken. Mit negativem Selbstdialog kommst du nicht weiter und er entspricht auch nicht deiner wahren Natur. Dieser Dialog wurde dir irgendwann unbewusst antrainiert. Du kannst dir das so vorstellen wie das Laufen. Als kleines Kind warst du dieser ewig neugierige, kleine Schwamm, der all die Wunder dieser Welt in sich aufgesaugt hat. Alles, was du täglich gelernt hast, wurde in deinem Unterbewusstsein gespeichert, das so etwas wie deine Festplatte (um sich sprachlich unserem digitalisierten Zeitalter anzupassen) ist. Dieses Erlernte machst du unbewusst und automatisch, wie zum Beispiel laufen, Auto fahren, sprechen etc. Du musst dir diese Handlung nicht jedes Mal bewusst abrufen, was dich auch total überlasten würde. Es ist so, als wenn du einen vertrauten Weg entlangläufst und dich nach Ankunft am Ziel nicht mehr an die Details der Wegstrecke erinnern kannst. Alles läuft automatisch ab und so hast du auch über die Jahre unbewusst negative Kommentare beispielsweise von deinen Eltern, Lehrern, Freunden etc. aufgesogen und diese Nachrichten zu deinen eigenen gemacht. Vielleicht haben dich deine Eltern aus Sorge um dich sehr verärgert ausgeschimpft. Für dich kam das in diesem Moment allerdings so an, als wärst du so, wie du bist, nicht okay. Solche Beispiele gibt es viele – einige sind kleiner, andere viel größer, und egal welche Größe sie haben, sie haben immer denselben Effekt: Sie hinterlassen eine kleine Verletzung und einen negativen Glaubenssatz in dir, der dich in deinem späteren Leben in Form des negativen Selbstdialogs behindert.

Sobald du dir bewusst machst, dass du es selbst in der Hand hast, diesen Dialog zu stoppen, wird er gleich viel leiser und deine wahre Natur darf sich zeigen.

Nun zurück zur Übung: Stimmen die Auswertungen deiner drei Gesichter mit deinem Handeln und Wohlbefinden überein oder konntest du erkennen, worin die Unterschiede lagen? Super! Dann geht's auch gleich weiter mit der Zusammenfassung dieses Kapitels und mit Schwung zum Authentizitätskiller 2.

— Jeder Mensch hat seine eigene, persönliche Horror-Show im Kopf. Wir stehen daher nie lang in den Top Charts der Gedanken anderer Menschen. Also vergiss, was andere über dich denken könnten, und lebe dein Leben. —

Patricia Franke

# RECAP Kapitel 1

- Authentizität ist oftmals nicht nur schwer auszusprechen, sondern vor allem schwierig in der Umsetzung.
- Verletzlichkeit ist die Schlüsselkomponente für ***Authentizität*** und der tägliche ***Star im goldenen Pailletten-Frack***.
- Wir tun uns mit Verletzlichkeit genauso schwer wie mit dem spontanen Entblößen unserer Kleidung im Büro.
- Niemand zeigt sich gern einfach so ***»nackt«*** und doch ist dies der Schlüssel zum eigenen Glück.
- Mit unseren Masken verhält es sich wie beim venezianischen Maskenball – sie helfen uns, unsere Gesichter zu verstecken, doch bei längerem Tragen vermischen sich unsere Identitäten.
- Wir geben uns oft als etwas Besseres und wollen ***von einem Ford Fiesta zu einem Mazda werden***, dahinter steht der Wunsch nach mehr Anerkennung.
- Unsere Ängste sind häufig wie ***muffig riechende Wollmäuse*** unter unseren Betten und verlieren bei genauer Betrachtung mit der Taschenlampe ihre Bedrohung.
- Der Authentizitätskiller 1 lautet: »Was sollen bloß die Leute von dir denken!«
- Das Bedürfnis nach Anerkennung und Zugehörigkeit ist fest in unserer DNA verankert.
- Der Grund, warum wir Menschen häufig nicht authentisch sind, ist, dass wir ***zu 99 % darüber nachdenken, was andere über uns denken könnten***.

- Wir denken ca. ***60 000 Gedanken*** am Tag – 70 % davon sind negativ. Jeder Mensch hat seine eigene, ***persönliche Horror-Show*** im Kopf. Wir stehen daher nie lange in den Top Charts der Gedanken anderer Menschen.
- Wir zeigen der Welt ein anderes Gesicht als das, was uns gegeben wurde, weil wir permanent ***Angst haben, nicht gut genug zu sein*** aufgrund dessen, was die Gesellschaft suggeriert.
- ***Was wirst du von dir denken, wenn dein Leben zu Ende geht?*** Hast du in Fülle gelebt oder empfindest du auch eins oder mehrere der fünf Bedauern, die Bronnie Ware in ihrem Buch aufgelistet hat?
- Das Konzept der drei Gesichter aus Asien beschreibt, wie du dich in der Öffentlichkeit, bei deiner Familie und bei dir selbst verhältst. Wichtig ist für dich zu erkennen, inwieweit die verschiedenen Gesichter auseinanderklaffen und was du ändern musst, damit du mehr im Einklang mit dir selbst bist.

# Authen-tizitäts-killer 2

# Nach Perfektion streben

## »Perfektion ist Bullshit«

Es gibt wohl kaum etwas, das mehr Träume, Wünsche und Freude zerstört als der Drang nach Perfektion. Wie viele Projekte und Ideen werden im Keim erstickt, weil die Angst vor einer gescheiterten Perfektion größer ist als das Scheitern selbst?

Auch ich habe mich mit dieser Ansicht den größten Teil meines Lebens geplagt, habe zu viel über das Endresultat nachgedacht, meine Kreativität systematisch ausgelöscht und hatte so viel Angst vor der Unperfektion, dass ich fast ein ganzes Jahrzehnt an Bulimie litt. Bloß nicht dick sein, bloß nichts falsch machen, Hauptsache in das richtige Raster passen. Wenn ich heute darüber nachdenke, kann ich nur den Kopf schütteln und bin so dankbar dafür, dass ich andere Menschen mit meiner Arbeit bei ihrem Weg aus ihrer eigenen Perfektionsspirale begleiten darf. Ja, du hast richtig gehört. Perfektion kann man tatsächlich entlernen. Und du kannst das auch. Keep on reading …

Perfektion ist nicht nur ein Wort mit zehn Buchstaben, sondern vor allem das Synonym für Gefängnis. Wenn wir versuchen, immer alles perfekt zu machen, begeben wir uns automatisch und freiwillig hinter Gitter – inklusive Videoüberwachung, Fußfessel und beklemmenden Gefühls der Enge. Wie eine Gefängniszelle wirkt Perfektion auf uns erdrückend, beklemmend und verursacht in uns vor allem eins: Angst.

- Angst davor, nicht gut genug zu sein.
- Angst davor, bewertet zu werden.
- Angst davor, anderen nicht zu gefallen.
- Angst davor, nichts wert zu sein.

Wie viele Träume hast du dir selbst kaputtgemacht, weil du sie dir bereits im Kopf ausgeredet hast? Wie oft hattest du einen Lichtblick, einen tiefen Wunsch, der aus deinem Herzen kam, dem du am Ende nicht nachgegangen bist, weil dir eine Stimme im Kopf böse gesagt hat, dass es sich nicht lohne, da du es niemals perfekt machen würdest?

Ich kenne diese Stimme nur zu gut und bei meinen Coaching-Klienten höre ich dann meist Aussagen wie: »Ich mache das nun mal ganz oder gar nicht.« »Ich muss immer mindestens 120% geben, sonst bringt das nichts.« »Die anderen können das doch viel besser, also brauche ich gar nicht erst anzufangen.« Oder: »Ich bin Sternzeichen Jungfrau. Ich kann einfach nicht anders, als die Dinge perfekt machen zu wollen.« Okay, der letzte Satz kommt direkt von mir. Ich habe mir das jahrelang eingeredet, da ich als Sternzeichen Jungfrau nun einfach einen gewissen Hang zu Ordnung und Perfektion habe. Aber muss ich mein Leben wirklich so bestreiten? Habe ich gar keinen Einfluss? Dieser Ansicht widerspreche ich vehement und sage dir gleich, dass du sehr wohl Einfluss auf dein Leben und deinen Perfektionismus hast. Man kann sich vom Perfektionismus befreien – DU kannst dich davon befreien.

Der erste Schritt auf diesem Weg ist es, zu erkennen, dass man überhaupt perfektionistisch handelt. Ich kenne viele Menschen, die klipp und klar behaupten, keine Perfektionisten zu sein. Sie sehen den Drang nach Perfektion in anderen, nicht aber in sich selbst. Das perfekte Handeln ist bei ihnen schon zu einer »normalen« Verhaltensweise geworden und fest verankert. Doch erst wenn wir erkennen, was unsere »blind spots« – unsere blinden Punkte – sind, können wir die Dinge auf einmal viel klarer sehen. Dann beginnt auch die Magie: die Veränderung. Also schauen wir einmal ganz genau hin. Ich verrate dir auch gern meine Zahl. Ich konnte vor meiner Reise in meine Authentizität definitiv alle Fragen mit »Ja« beantworten, alles traf auf mich zu. Und auch heute arbeite ich täglich daran, jegliche Perfektionsvorboten gekonnt abzuwehren. Aber dazu gleich mehr. Gucken wir erst einmal, woher wir das mit dem Perfektionswahn überhaupt haben.

Perfektionismus wurde uns irgendwann anerzogen. Vielleicht hatten wir besonders kritische Eltern, die uns ständig anspornten, noch besser zu werden. Oder vielleicht beeinflussen uns gewisse astrologische Faktoren tatsächlich. Doch mit Sicherheit hat die Schulzeit einen großen Anteil an unserem Hang zur Perfektion. Wir lernen dort schon sehr früh, dass es wichtig ist, gute Noten nach Hause zu bringen, und dass man mit der Engelsstimme im Schulchor mehr Applaus bekommt, als wenn beim hohen C die Fensterscheiben der Schulaula zerspringen. Wir lernen dadurch, was akzeptiert und anerkannt wird. Spätestens seit dem vorherigen Kapitel wissen wir, dass Anerkennung und Akzeptanz große Bedürfnisse von uns Menschen sind. Das ist völlig natürlich und auch okay. Es wird nur dann gefährlich, wenn wir unseren eigenen Selbstwert und unsere Selbstakzeptanz in die Hände von anderen legen. Wenn wir denken, nur durch Perfektion werden wir geliebt, nicht mehr und nicht weniger.

Forciert wird dieser Blick in die Außenwelt durch die Teilnahme in sozialen Medien. Heutzutage hat die Mehrheit Zugriff auf ein Smartphone und ist zumindest auf einem der Kanäle unterwegs, angeführt von Instagram, Facebook, Twitter, Snapchat, YouTube und was sonst noch alles Neues dazukommt. Wer jetzt laut schreit: »Da bin ich aber nicht dabei!«, der ist vermutlich beruflich zumindest bei Xing oder LinkedIn angemeldet. Und nutzt du WhatsApp oder SMS? Siehst du – ertappt.

# Bist du ein Perfektionist?

Hier sind zehn typische Anzeichen, die einen Perfektionisten ausmachen:

## 1. Es gibt keinen Raum für Fehler

Sobald du einen Fehler bei dir oder bei anderen siehst, fokussierst du dich nur noch darauf und vergisst alles andere um dich herum, bis dieser Fehler korrigiert ist. Dies kann bei größeren Dingen der Fall sein, wie beispielsweise einem Fehler bei der Arbeit mit Konsequenzen oder auch Kleinigkeiten, wie Rechtschreibfehlern in der Speisekarte deines Lieblingsrestaurants, die dir am Ende die Crème brulée versauen. Wie hoch ist deine Toleranzschwelle bei Fehlern? Wie hart gehst du mit dir und anderen ins Gericht, wenn du einen Fehler entdeckst? Dreht sich dann alles nur noch darum oder kannst du irgendwann loslassen? Je mehr dir Fehler bei dir und vor allem anderen auffallen, desto eher bist du ein Perfektionist.

## 2. Du gibst ungern Aufgaben ab

Gehörst du zu denjenigen, die selten etwas abgeben, sei es bei der Arbeit oder privat? Dann könnte es daran liegen, dass du immer alles perfekt machen willst und anderen nicht zutraust, es genauso gut zu machen wie du. Gerade bei der Kindererziehung fällt das oft besonders auf. Erlaubst du deinen Kindern, eigene Fehler zu machen, oder versuchst du, ihnen ständig alles abzunehmen, damit sie bloß keine eigenen Fehler machen? Keine Sorge – wenn du das machst, heißt das nicht, dass du deine Kinder nicht genug liebst. Es zeigt nur, dass du am liebsten alles so machst, wie es für dich richtig erscheint. Du hast dadurch das Gefühl, die Kontrolle zu haben, obwohl du in Wirklichkeit nur deinem Drang nach Perfektion nachgibst.

Oder bist du vielleicht eine Führungskraft und wunderst dich, dass du deine Arbeit kaum noch bewältigen kannst, weil du nichts an dein Team abgeben kannst? Dann bist du auch hier in die Perfektionsfalle getreten.

## 3. Ganz oder gar nicht

Entweder, du machst eine Aufgabe zu 120% oder eben gar nicht. Gehörst du zu der Fraktion, die die Aussage »Nicht Fisch, nicht Fleisch« einfach nicht mag und Adrenalin in den Adern verspürt, wenn etwas mit viel Schweiß und Arbeit verbunden ist? Herzlich willkommen, du bist in den Club der Perfektionisten eingetreten.

## 4. Das Endresultat steht immer im Vordergrund

Dir ist egal, was du tun musst, um dein Ziel zu erreichen. Den Prozess/Weg dorthin kannst du gar nicht genießen, denn es geht dir einzig und allein darum, den Applaus einzusacken. Nur dann fühlst du dich besser, nur dann wird endlich alles gut. Klingt dramatisch? Das ist es auch und ich bin mir sicher, auch du hast diesen Moment schon irgendwann einmal erlebt. Auch er ist ein klares Zeichen von Perfektionismus.

## 5. Du gehst sehr hart mit dir ins Gericht/du bist hart zu dir selbst

Sobald etwas schiefgeht oder du einen Fehler machst, geht deine Welt ein kleines Stück unter. Du bist unglücklich, deprimiert, traurig, wütend und fühlst dich wie ein Versager. Der Dialog in deinem Kopf ist zornig, gemein und vernichtend. Nichts, was du machst, ist je gut genug.

## 6. Dein Erfolg ist nie genug

Du steckst dir immer höhere Ziele. Sobald du ein Ziel erreicht hast, kommt direkt das nächste, das noch höher sein muss, ansonsten bist du nicht zufrieden. Du erreichst die Ziellinie, und anstatt deinen Erfolg zu feiern, sinnierst du schon über das nächste Projekt. Du kannst dich innerlich nie so ganz über das freuen, was du bereits erreicht hast.

## 7. Du wartest immer (noch) auf den »richtigen« Moment

Das ist ein Klassiker für unterschwellige Perfektion. Nie ist der richtige Moment da. Du schiebst das neue Buchprojekt auf, heute ist einfach nicht der richtige Moment. Du willst heiraten – oh, aber erst an dem Tag, an dem auch wirklich das Wetter zu 100% passt. Du willst den richtigen Partner finden: Dafür musst du erst drei Monate im Fitness-Studio gewesen sein.

Du siehst, das ist wie die Endlosschleife beim Telefonservice der Telekom und daraus resultiert die sogenannte Aufschieberitis. Wir warten ständig auf den richtigen Moment, das Bild doch endlich zu malen, die Weiterbildung einzureichen, uns zu trennen, gesünder zu leben, die Welt zu bereisen, uns mit unserer persönlichen Entwicklung zu befassen etc., bis es irgendwann tatsächlich zu spät ist und wir auf den Grabstein schreiben können: »Hat das ganze Leben auf den perfekten Moment gewartet!«

## 8. Du hast einen sehr hohen Anspruch an dich … und deine Umwelt

Nie ist etwas gut genug für dich. Das Abendessen bei dem schicken Italiener war lecker, ABER … Das Geschenk von deinem Partner war toll, ABER … Die neue Kollegin sieht super aus, ABER … Ständig findest du mindestens ein Haar in der Suppe. Komplimente von anderen Menschen kannst du schlecht empfangen, ohne deine Leistungen abzuwerten. »Ja, das habe ich ganz gut gemacht, ABER …« »Das Outfit ist schön, ABER …« Wie oft nutzt du solche Sätze?

## 9. Du bist detailversessen und verbringst die Zeit damit, Dinge zu verbessern

Wenn du etwas anfängst, dann beißt du dich so lange fest, bis es nicht mehr geht. Jedes noch so kleine Detail wird minutiös überprüft, zerlegt, zerkleinert und seziert, bis es vermeintlich perfekt ist. Das kostet nicht nur Zeit, sondern vor allem wertvolle Lebensenergie. Doch das hält dich nicht davon ab, Zeit, Freundschaften und deine Gesundheit zu opfern, damit auch ja alles perfekt ist.

## 10. Du siehst Fehler. ÜBERALL

Anders als bei der Detailverliebtheit siehst du nicht nur sofort, wenn etwas nicht perfekt ist, sondern bildest du dir die vermeintlichen Makel oftmals einfach ein. Dies fällt besonders auf, wenn du mit anderen unterwegs bist und du die einzige Person bist, die sich an Dingen stört. Auch dann bist du in die Perfektionsfalle getappt.

> »Getan ist besser als perfekt!«
>
> Benjamin Franklin

## BONUS: Du fühlst dich permanent gestresst

Je mehr wir nach Perfektion streben, umso gestresster sind wir. Wir wollen alles gleichzeitig machen und das möglichst gut. Der Muskeltonus im Spiegel ist immer noch nicht perfekt definiert, dann trainieren wir eben noch eine Stunde zusätzlich im Fitness-Studio. Die PowerPoint-Präsentation für das nächste Vertriebsmeeting könnte noch einen Feinschliff vertragen, kein Problem, dann arbeitest du halt die Nacht durch. Menschen, die von Perfektion getrieben sind, leiden unter Dauerstress, der im schlimmsten Fall im Burnout endet.

Na, jetzt sei ehrlich. Wie viele der zehn Merkmale plus Bonus treffen auf dich zu? Da es in diesem Buch ja um Authentizität geht, also darum, ehrlich zu sein und zu üben, verletzlich zu sein, darfst du die Zahl gerne für dich als Referenz aufschreiben:

..............................................................................................................

Grundsätzlich sind die sozialen Medien ja eine feine Sache. Man nimmt augenscheinlich am Leben der anderen teil, ohne dabei jemals von der Couch aufstehen zu müssen. »Ach, Claudia hat geheiratet? Wie schön.« Man kann beim Betrachten der Instagram-Fotos fast das »Ja-Wort« hören oder guckt es sich durch das Live-Video des Schwiegervaters sogar an. Wir drücken auf das Kamerazeichen am Telefon und sprechen mal schnell und ganz locker mit unserem Bekannten, der auf Backpacker-Tour in Tasmanien unterwegs ist. Total cool.

Das Schlimme an den sozialen Medien ist nur leider, dass sie in Wirklichkeit total asozial sind. Instagram ist unter den Internet-Marketern mittlerweile als »Eitelkeitskanal« verschrien, denn kaum ein bekannter Blogger postet hier etwas ohne Filter. Alles wirkt irgendwie schöner, sexyer und besser als in der Wirklichkeit. Hinzu kommt der Anspruch, möglichst viele Reaktionen in Form von Likes und Kommentaren zu bekommen. Und all diese Internetaktivitäten machen uns unglaublich süchtig. Die Universität in Wales hat mittlerweile ein spezielles Research-Programm zum Thema »Internetsucht« entwickelt. Sie fand heraus, dass Internetsucht mittlerweile mit Alkoholsucht verglichen werden kann. Bei jedem »like«, bei jedem Kommentar, den wir erhalten – und jetzt bitte auch diejenigen festhalten, die »nur« bei den beruflichen sozialen Medien wie LinkedIn und Xing unterwegs sind – schüttet unser Körper Dopamin aus. Das wird im Volksmund auch als das sogenannte Glückshormon beschrieben. Stell dir einfach vor, dass du die Stimme von James Brown hörst, wie er mit knatternder, explosiver Stimme jedes Mal zu »I feel good« ausholt, wenn jemand auf dein Bild oder einen deiner Posts reagiert.

Du magst jetzt lachen und das ist etwas Schönes. Denken wir aber länger darüber nach, dann merken wir schnell, wie verheerend so eine Internetsucht werden kann. Wenn wir jedes Mal mit Dopamin in Form von James Brown's »I feel good« belohnt werden, dann lernt unser Gehirn sehr schnell, dass es uns besonders gut geht, wenn wir Anerkennung und Lob von der Außenwelt bekommen. Je schöner die Bilder sind, die wir posten, je perfekter alles aussieht, umso mehr geraten wir in einen Rausch.

## »Oooh Yeah! Your love won't do me no harm, but I feel GOOD!«

Nun glaube ich auch daran, dass es sicherlich Menschen gibt, die davon nicht so stark betroffen sind, doch Fakt ist, dass wir immer mehr zu Internetzombies mutieren, und was noch viel schlimmer ist: Wir erziehen die ganzen nachkommenden Generationen zu diesen wirklichkeitsfremden Zombies.

Wann erlauben wir unseren Kindern den Zugriff zu Drogen, Alkohol und Zigaretten? Na im besten Fall nie, richtig? Doch, was meinst du, wie hoch ist der Prozentsatz an Kindern aus der westlichen Welt, die Zugang zu einem Laptop, Smartphone, PC oder Tablet haben? Die Zahl ist, denke ich, einfach zu erraten. Sie fängt mit 9 an und hört mit 9,9 auf. Ich wähle jetzt bewusst nicht die 100 %, obwohl ich mir sicher bin, dass sie zutrifft, auch wenn es genug Eltern gibt, die der Meinung sind, dass ihre Kinder nicht bereits im Kindergarten damit konfrontiert werden, und sei es nur durch das Smartphone der Erzieherin.

Warum erzähle ich dir das alles? Um dir verständlich zu machen, woher dieser Drang zum Perfektionismus kommt und dass die (a)sozialen Medien meist nur die Kirsche auf dem Eisbecher sind. Zum Glück gibt es eine Abhilfe zum Thema Perfektion. Den ersten und wichtigsten Schritt habe ich bereits angesprochen: sich bewusst machen, dass man perfektionistische Tendenzen hat. Das gilt vor allem für diejenigen unter uns, die nur kleine Formen der Perfektion zugeben. Indem wir uns bewusst machen, warum Perfektion in den meisten Fällen so schädlich werden kann und sprichwörtlich tolle Leben kaputtmacht, machen wir schon den ersten wichtigen Schritt in Richtung Selbsterkenntnis. Wenn du diesen Berg erklommen hast, fühlen sich die weiteren Tipps wie eine entspannte Talfahrt an.

# Gegenmittel 2
# Gesunder Perfektionismus

Bisher habe ich Perfektionismus als rein negative Eigenschaft beschrieben, selbstverständlich gibt es aber auch positive Aspekte, wenn wir Perfektion anstreben. Wir können natürlich motiviert sein, etwas besonders gut zu machen, und wir schätzen die Dinge auf gewisse Art auch mehr, wenn wir uns extra Mühe gegeben haben. Das Ganze wird nur unbequem, wenn wir zu ungesundem Perfektionismus neigen. Viele der Eigenschaften, die ich in den 10 Anzeichen beschrieben habe, sind extrem und auf die Dauer sehr belastend für uns. Neurotische oder auch professionelle Perfektionisten, wie ich sie gern betitele, legen ihren Selbstwert in die Außenwelt; das heißt, ihr persönliches Erfolgsgefühl hängt von dem ab, was sie erreicht haben, und nicht von dem, wer sie wirklich sind. Sie setzen damit ihre Gesundheit, ihr Wohlbefinden und oft auch ihre Beziehungen aufs Spiel, nur um die vermeintliche Anerkennung von außen zu erhalten.

## Sei ein gesunder Perfektionist und kein Neurotiker

Bei gesundem Perfektionismus sprechen wir von einer natürlichen Motivation und dem Willen, durchzuhalten, auch wenn es zwischendurch immer mal wieder schwierig ist. Der Prozess ist hierbei genauso wichtig, wenn nicht noch wichtiger, als das eigentliche Endresultat. Der Unterschied zu dem ungesunden Perfektionismus ist, dass wir hier meist mit Spaß und inspiriertem Handeln agieren, statt aus dem Anspruch heraus, anderen und am Ende uns selbst zu gefallen. Wir alle tragen Anteile dieser beiden Perfektionismus-Arten in uns und daher ist es so wichtig, dass wir immer achtsam mit uns sind und es rechtzeitig erkennen, wenn wir zu sehr in die ungesunde Richtung des Perfektionismus abbiegen. Ich habe hier eine Tabelle kreiert, an der du dich orientieren kannst.

# Deine Kick-Ass-Tabelle bei Perfektionismus

| | Gesunder Perfektionismus | Neurotischer Perfektionismus |
|---|---|---|
| 1 Deine Beziehung zu deinen Zielen | Du bist natürlich, positiv motiviert, wenn du an deinen Zielen arbeitest. Du spürst Begeisterung und keinen Stress. | Du fühlst dich von deinen Zielen oft gestresst und unter Druck gesetzt. Dein Fokus liegt in erster Linie auf dem Endresultat und nicht auf dem Prozess. |
| 2 Deine persönliche Zufriedenheit | Du bist begeistert von deinen Ideen und spürst Leichtigkeit. Du feierst regelmäßig deine Erfolge und ziehst daraus deine Kraft. | Du fühlst dich permanent unter Druck gesetzt, kannst deine getane Arbeit kaum bis gar nicht genießen, findest ständig Fehler und fühlst dich nie gut genug. |
| 3 1, 2, 3 und Action! | Du fängst erst einmal direkt an und kümmerst dich während oder nach deiner Arbeit um die Verbesserungen. Erledigt ist besser als perfekt! | Du wartest permanent auf den „perfekten" Moment und schiebst dabei alle Ideen immer weiter auf. |
| 4 Das große Ganze gegenüber den kleinen Details | Du konzentrierst dich auf das große Ganze, ohne dich dabei zu viel in Details zu verlieren. | Dein Fokus liegt in erster Linie im Detail und du kasteist dich ständig selbst für kleine Fehler, die sofort korrigiert werden müssen. |
| 5 Arbeit und dein Privatleben | Du hast ein gesundes Verhältnis gegenüber deiner Arbeit und deinem Privatleben. Du weißt, wann du Auszeiten brauchst und wann du dich um deine Beziehungen kümmern musst. | Du brauchst die Anerkennung, die du von deiner Arbeit erwartest, mehr als alles andere und hast kein gesundes Gefühl zu dir selbst. Deine Gesundheit und dein Privatleben kommen oft zu kurz. |
| 6 Einstellung bei Niederlagen | Wenn dir Niederlagen widerfahren, dann erlebst du diese als Erfahrungen und bewertest sie nicht allzu lange als negativ.<br>Du erkennst durch sie neue Möglichkeiten für Lösungen. | Niederlagen sind für dich wie Stiche ins Herz. Dein Ego kann diese kaum ertragen und du ziehst dich damit immer weiter runter. |
| 7 Deine Einstellung bei vergangenen Fehlern | Du nutzt vergangene Fehler als Inspirationsquelle und lernst aus ihnen für die Zukunft. Du heißt sie willkommen, anstatt sie zu unterdrücken. | Du hältst gerne an vergangenen Fehlern fest und bedauerst sie. |

Am besten druckst du sie direkt aus und hängst sie irgendwo auf, wo du sie gut sehen kannst, oder fotografierst sie und schaust sie regelmäßig auf deinem Smartphone an. Wenn du ein richtiger Perfektionist bist, empfehle ich dir, sie überall da aufzuhängen oder zu platzieren, wo du sie immer gut im Blick hast, beispielsweise am Badezimmerspiegel, am PC, im Portemonnaie, in deinem Notizbuch oder einfach dort, wo du am ehesten damit konfrontiert wirst. Mit ein wenig Übung und dem konstanten Fokus darauf, was gesunder Perfektionismus ist, wirst du schnell deine eigene Mitte finden.

## Befreie dich von der Einstellung »ganz oder gar nicht«

Nicht jeder ist ein Übernachterfolg. Um ehrlich zu sein, fast niemand. Celeste Barber, die Social-Media-Queen, die auf ihrem Instagram-Account @celestebarber regelmäßig die vermeintliche Perfektion der Modeindustrie lustig inszeniert und veräppelt, sprach letztens in einem Interview genau über dieses Phänomen, als sie gefragt wurde, wie sie mit dem Erfolg über Nacht umgeht. Sie antwortete darauf schmunzelnd, dass ihre Nacht bereits 15 Jahre alt sei. So lange hat es nämlich gedauert, bis sie endlich so weit war, ihren Traum umzusetzen und auszuleben.

Wenn dir diese Story zur Veranschaulichung nicht reicht, dann überleg doch mal, wie lange es dauert, bis ein Kind in der Lage ist, eigenständig zu laufen und zu sprechen. Es sagt sich beim ersten Laufversuch ja auch nicht: »Also, entweder das klappt jetzt sofort oder ich lasse mich für den Rest meines Lebens tragen!« Ganz im Gegenteil, bei kleinen Kindern können wir uns besonders viel gesunde Motivation und Perfektion abschauen. Diese kleinen Menschen lassen sich durch

Du findest die Kick-Ass-Tabelle bei Perfektionismus auch zum Runterladen und Ausdrucken unter: https://patriciafranke.com/freebies

nichts beirren und machen stur und fröhlich weiter. Wenn das mal kein Vorbild für uns Erwachsene ist.

Interessant ist es auch, die Biografien von sehr erfolgreichen Menschen zu lesen. Hier fällt eine Gemeinsamkeit auf: Nach jeder Niederlage haben Sie wieder versucht, was davor nicht geklappt hat. Nur weil es beim ersten oder 100. Mal nicht geklappt hat, hieß das noch lange nicht, dass es Zeit ist, aufzugeben. Du siehst, spätestens jetzt ist der Moment gekommen, sich von der schwarz-weißen Sicht auf die Dinge zu lösen.

## Erledigt ist besser als perfekt

Das ist eines meiner Mantras, wenn ich mich mit meiner eigenen Perfektion rumschlage. Was ist schlimmer als ein unfertiges Produkt? Richtig – eines, das nie zustande gekommen ist. Eines, das nicht einmal die Chance hatte, verwirklicht zu werden, weil dein Kopf es bereits in der kreativen Phase mit zu viel Durchdenken erstickt hat. Mir hilft dieser Gedanke besonders, wenn ich mich zu lange an der Vorbereitung aufhalte und mir zu viele Gedanken mache. Hier kommt auch der Werbeslogan von Nike gerade richtig: »Just do it!« – Mach es einfach. Der Rest kommt von ganz allein. Es ist meist wie eine Lawine, die man stupst und die dann eine eigene Dynamik erreicht.

In der Motivationspsychologie spricht man häufig über das »In-den Flow«-Kommen. Damit ist der Zustand gemeint, in dem wir beinahe meditativ im Hier und Jetzt sind und die Dinge einfach so durch uns geschehen. Viele Reisende erleben diesen Zustand und sprechen dann vom »travel bug«, der süchtig macht auf weitere Reisen. Gemeint ist hier, dass wir auf längeren Reisen vollständig unserem Alltag entzogen sind und plötzlich viel leichter Entscheidungen aus dem Bauch heraus tätigen können. Während vorher unser Kopf die Zügel in der Hand hielt, übernimmt nun auf einmal unser Herz das Steuer und wir erleben einen Zustand der Glückseligkeit. Dies geschieht auch oft nach tiefer Meditation, Sport und Sex. Wir befinden uns dann von einem Moment auf den anderen »im Flow«. Die Dinge fließen auf einmal natürlich, sie fühlen sich leicht an und wir tun alles mit Freude ohne den bisherigen Stress.

Ein Extratipp von mir, um dem Gedankenkarussell zu entkommen und ins Handeln zu gelangen, ist die Methode der amerikanischen Motivationstrainerin Mel Robbins. Sie spricht davon, innerhalb von fünf Sekunden einfach mal zu machen und loszulegen, indem du dir vorstellst, dass du einen Raketenstart rückwärts zählst: 5, 4, 3, 2, 1 ... BOOM! Und los geht's. Wenn du mehr darüber wissen möchtest, guck mal unter www.melrobbins.com oder hör in meine Podcast-Folge im »Kick-Ass-Living-Podcast« zu dem Thema rein: Podcast #063 – »Wie Du in 5 Minuten den A*** hochkriegst«. Auf iTunes und Spotify, Upspeak, Audio Now und allen Podcast-Apps. Sobald du merkst, dass deine Gedanken in den Perfektionsmodus gehen, sag dir 5, 4, 3, 2, 1 ... BOOM! Erledigt ist besser als perfekt!

## Lerne, dich selbst mehr zu lieben

Als bekennende Perfektionistin kann ich deinen negativen Selbstdialog nur zu gut verstehen. Ich kenne diese hasserfüllten Sätze, die kommen, wenn die Dinge mal nicht so gut laufen, wie sie sollten. Es ist immer einfacher, sich selbst zu kritisieren, sich runterzuziehen und zu belächeln, anstatt sich selbst zu verzeihen. Auch das haben wir irgendwann gelernt und meist sogar bei unserer Familie abgeguckt, die dafür aber auch meist nichts kann.

Es ist einfach, sich selbst, die eigene Gesundheit und Beziehungen zu vernachlässigen, wenn der große Preis in Form von Beendigung einer Idee, eines Projekts etc. kurz bevorsteht. Doch was erwartet dich wirklich auf der Zielgeraden? Ist es der Liebesbeweis für dich selbst, deine eigene Anerkennung? Merkst du vielleicht schon, wie irre dieser Gedanke ist und vor allem wie kurz gedacht? Denn meistens wartet auf der Zielgeraden zwar das Triumphgefühl, doch löst es sich wie ein Regenbogen im Nieselregen genauso schnell auf und wird durch ein neues, noch höher gestecktes Ziel ersetzt. Dieses Rennen auf der Zielgeraden wird nie ein Ende haben, wenn dein Glück allein von deinen Leistungen abhängt. Je mehr du beginnst, dich selbst zu lieben und zu schätzen, umso mehr werden sich deine Ziele mit Leichtigkeit füllen und das Gefühl der Verbissenheit verliert sich.

### HIER SIND EIN PAAR TIPPS, WIE DU BESSER MIT DIESEN GEFÜHLEN KLARKOMMST:

- Das nächste Mal, wenn du beginnst, schlecht mit dir zu sprechen, zu schimpfen oder dich runterzuziehen – mach einen bewussten Stopp! Statt zu sagen »Ich hasse mich«, sage dir »Ich schätze mich« oder »Ich liebe mich«. Wenn du dir sagst, dass du für nichts gut bist, dann wandle das um in »Ich habe das bisher noch nicht gut gemacht, werde aber daraus lernen«. Versuche, dir für jeden negativen Gedanken einen positiven zu setzen. Am Anfang fällt das sicherlich schwer, aber mit der Zeit wird das einfacher. Ich werde darüber noch etwas später im Buch unter »Deine persönliche Horror-Show« (Seite 139) sprechen.
- Hör auf, dich selbst zu beschuldigen. Es ist einfach, sich selbst zu beleidigen und runterzuziehen, nur weil mal etwas nicht sofort geklappt hat. Mache auch hier einen Cut, hole tief Luft und sage dir, *dass du in dieser Situation in Bezug auf das Wissen, das du in diesem Moment hattest, das Beste getan hast.* Ich highlighte diesen Satz extra für dich, denn er ist superwichtig und am liebsten möchte ich, dass du ihn dir aufschreibst und mindestens fünfmal pro Stunde laut vorliest! Wenn wir aus unseren Fehlern lernen, dann sind sie keine Fehler mehr, sondern ausschließlich Erfahrungen. Sobald dir das klar wird, wirst du sehen, dass Misserfolge auf einmal gar keine Gefahr mehr für dein Ego darstellen, sondern eine Chance des Lernens sind. Für mich war das ein echter Game Changer. Sobald ich mich wieder in einer ähnlichen Situation befinde, hole ich mir diesen Gedanken wieder vor Augen und

die Last fällt von meinen Schultern. *Du hast in der Situation in Bezug auf das Wissen, das du in diesem Moment hattest, das Beste getan.* Und wenn du nicht nach bestem Gewissen gehandelt hast? Dann weißt du, dass du es das nächste Mal anders machen wirst und vor allem auch musst. Denn nur dann wirst du auch innerlich wachsen. Der Satz, dass wir in der jeweiligen Situation das Beste getan haben, ist somit kein Freifahrtschein, sondern ermutigt dich, das nächste Mal achtsamer und sorgsamer vorzugehen.

— Sobald du im negativen Gedankenkarussell bist, denke an mindestens drei Dinge, die du super gemacht hast. Was waren das für Dinge? Wie hast du dich dabei gefühlt? Schließe die Augen und verinnerliche die Situation. Was machst du bereits richtig gut? Fühle dich komplett in diesen Moment hinein und öffne die Augen mit neu gewonnener Energie und Selbstbewusstsein.

Setze deine Gesundheit an die erste Stelle. Für meinen Podcast durfte ich bereits viele interessante Menschen interviewen und alle haben mir bisher berichtet, dass Gesundheit das A und O ist. Nur wenn wir gesund sind, können wir der Welt Dienst leisten und selbst etwas leisten. Wenn wir immer nur nach Leistungen und vermeintlicher Perfektion streben, brennen wir irgendwann aus. Im Englischen spricht man davon, dass man die Kerze in diesem Fall an beiden Enden anzündet. »Burning the candle at both ends.« Was übrig bleibt, ist klar – ziemlich schnell nur noch ein kleiner Tropfen Wachs. Frage dich, ob es das wirklich wert ist, und bringe dich zurück in die Leichtigkeit.

## Feiere deine Etappenziele – auch die allerkleinsten

Das Feiern der eigenen Erfolge kommt gerade in unserer deutschen Kultur oft zu kurz. In Deutschland hält man die Dinge gerne klein, man zeigt sich weniger und setzt arbeitstechnisch lieber noch einen drauf. Man könnte ja Spaß haben an dem, was man tut. Und Spaß hat doch etwas mit Leichtigkeit und Freude zu tun, ist also einfach und dementsprechend mit weniger Anerkennung behaftet. Ich übertreibe sicherlich ganz bewusst ein wenig, aber wenn du genau hinschaust, dann wirst du mir mit Sicherheit genug ähnliche Beispiele aus deinem Umfeld und Alltag nennen können.

Dabei ist es so wichtig, gerade die kleinen Ziele zu feiern, denn dies bringt uns Freude, Selbstakzeptanz und aktiviert unsere natürliche innere Motivation. Wir werden wieder zu Kindern und tun Dinge spielerisch. Wie einfach fühlen sich die Dinge dann auf einmal an? Wie unwichtig wird dann auf einmal das Endresultat – also nicht das abgeschlossene Projekt, sondern das damit verbundene Gefühl von Selbstliebe? Wir werden noch besser in dem, was wir tun, wenn wir es mit der Liebe zu uns und für die Sache an sich tun und nicht umgekehrt. Deshalb empfehle ich dir, regelmäßig deine Erfolge zu feiern. Es muss nicht gleich eine große Party sein. Eine kleine Belohnung in Form eines Geschenks, Zeit für dich oder einfach des Blicks in den Spiegel mit dem Worten »Ich bin wirklich stolz auf dich. Du machst das super. Ich liebe dich!« bewirkt wahre Wunder.

## Fazit

Wir alle tragen eine gewisse Portion Perfektionismus in uns, da wir alle unterschiedlich stark nach Anerkennung im Außen suchen. Das ist menschlich und vom Grundsatz her nichts Schlimmes. Gesunder Perfektionismus und eine natürliche Motivation sind wundervoll für unser Leben, denn sie machen uns lebendig, wenn wir unsere Ideen, Träume und Wünsche in die Welt bringen. Unschön wird es dann, wenn wir zu ungesundem Perfektionismus neigen und gar nicht erst ins Handeln kommen, da ja nie der richtige Zeitpunkt für etwas ist, da wir niemals mit der Welt da draußen mithalten können etc.

Benjamin Franklin hat es bereits am Anfang dieses Kapitels so schön gesagt hat: »Done is better than perfect!« – »Getan ist besser als perfekt!«

Oder wenn wir unsere Leistungen nie richtig genießen können, da wir nach jedem vermeintlichen Erfolg schon wieder auf den nächsten schauen. Dazu zählen häufig große Künstler, die zwar viel in ihrem Leben erreicht haben, trotzdem aber nie genug kriegen, weil sie ihre Arbeit und sich selbst nie als gut genug empfinden. Michael Jackson ist ein klassisches Beispiel dafür. Er sagte einmal in einem Interview, dass er sich nie für gut genug empfinde und daher versuche, immer mehr über sich hinauszuwachsen. Jede Show erfülle ihn mit Scham, Selbstzweifel und Beschuldigungen, beim nächsten Mal noch besser zu sein. Das Gleiche gilt für John Lennon, der sagte, dass er jeden Song der Beatles neu aufnehmen würde, wenn es nach ihm ginge. Klingt verrückt? Das ist es auch für uns Außenstehende. Für uns wirkt es, als lebten Künstler wie John Lennon und Michael Jackson in einer verzerrten Welt, und genauso empfinden es diese Künstler, wenn sie versuchen, sich in unsere Sicht der Dinge hineinzufühlen. Leider wird in unserer Welt genau diese Art von Perfektion glorifiziert. No pain, no gain. Ohne Schweiß kein Preis. Wenn du dieser Selbstkasteiung der neurotischen Perfektionisten mit Verständnis begegnest, dann wirst du vielleicht das nächste Mal etwas leichter mit Mitgefühl reagieren können, wenn dich jemand aufs Übelste kritisiert. Wie mag wohl die innere Stimme dieser Person ausfallen, wenn sie schon mit dir so spricht? Ich stelle mir dann immer ein hässliches Monster vor, wie es schimpft, kleinhält, beleidigt und beschämt. Oftmals möchte man diesen Kritiker dann einfach nur noch in den Arm nehmen.

Du kannst für dich auch schnell herausfinden, wann du oder andere Menschen zu sehr dem neurotischen Perfektionismus verfallen sind. In dem Moment, in dem wir ähnliche Ideen, Wünsche, Projekte, Träume von anderen in der Umsetzung sehen und diese heftig kritisieren, dann ist dies meist ein klarer Beweis für unsere eigene Unzufriedenheit für etwas, das tief in uns unerfüllt ist. Häufig habe ich bei Klienten erlebt, dass sie von der Präsentation eines Kollegen oder dem Bandauftritt des Nachbarn enttäuscht waren, weil diese in ihren Augen nur mittelmäßig aufgetreten sind und sie selbst das nie so unvorbereitet getan hätten. Wenn, dann nur mit 120 % oder gar nicht.

Was am Ende aber eigentlich zählt, ist der Mut, sich dem eigenen Perfektionismus und dem der Welt zu stellen.

Brené Brown spricht in ihrem Buch »Die Macht der Verletzlichkeit« über den Mann in der Arena und den Kritiker auf der Zuschauertribüne. Sie zitiert dabei aus Theodore Roosevelts Rede »Der Mann in der Arena«, gehalten an der Sorbonne 1910: »Es ist nicht der Kritiker, der zählt, nicht derjenige, der aufzeigt, wie der Starke gestolpert ist, oder wo der, der Taten gesetzt hat, sie hätte besser machen können. Die Anerkennung gehört dem, der wirklich in der Arena ist; dessen Gesicht verschmiert ist von Staub und Schweiß und Blut; der sich tapfer bemüht; der irrt und wieder und wieder scheitert; der die große Begeisterung kennt, die große Hingabe, und sich an einer würdigen Sache verausgabt; der im besten Fall am Ende den Triumph der großen Leistung erfährt; und der, im schlechtesten Fall des Scheiterns, zumindest dabei scheitert, dass er etwas Großes gewagt hat …«

Done is better than perfect! Getan ist besser als perfekt!

Du siehst also, dass es einen großen Unterschied zwischen neurotischem und gesundem Perfektionismus gibt. Es ist völlig in Ordnung, wenn wir den Anspruch haben, etwas Tolles zu erreichen, oder uns besonders viel Mühe dabei geben. Wichtig ist immer, dass wir dabei auf uns achten und rechtzeitig den Stecker ziehen, wenn wir über das gesunde Ziel hinausschießen. Manchmal merkt man dieses Hinausschießen daran, dass man auf bestimmte Projekte gar keine Lust mehr hat, da sie von Anfang an zu viel Druck erzeugen und Stress verursachen. Dadurch wiederum entsteht Freiraum für das, was uns wirklich am Herzen liegt und was wir mit eigener Motivation tun wollen.

Ich bin mir sicher, wenn du genau hinhörst, wirst du mir der Zeit eine immer bessere Wahrnehmung deiner selbst und deines Perfektionismus entwickeln. Und was die Kritiker angeht – stell dir ruhig mal vor, wie schlimm es in ihnen aussehen muss, dass sie dich in der Arena belächeln.

## Deine Notizen

Wie lautet dein Perfektionismus-Score?

……………………………………………………………………………

……………………………………………………………………………

……………………………………………………………………………

In welchen Bereichen legst du gesunden Perfektionismus an den Tag?

……………………………………………………………………………

……………………………………………………………………………

……………………………………………………………………………

In welchem Bereich zeigst du neurotischen Perfektionismus?

……………………………………………………………………………

……………………………………………………………………………

……………………………………………………………………………

Woran erkennst du, dass du den Stecker ziehen musst, bevor du in den ungesunden Modus fällst?

……………………………………………………………………………

……………………………………………………………………………

……………………………………………………………………………

Was kannst du bereits heute tun, um dir weniger Druck zu machen?

……………………………………………………………………………

……………………………………………………………………………

……………………………………………………………………………

Wer ist die Stimme in deinem Kopf, die dich zu Perfektionismus antreibt? Was kannst du ihr für die Zukunft sagen?

……………………………………………………………………………

……………………………………………………………………………

……………………………………………………………………………

# RECAP Kapitel 2

- Perfektion ist Bullshit! Sie erstickt deine Träume, Ideen und Kreativität und ist das Synonym für Gefängnis.
- Von Perfektionismus kann man sich befreien. Er ist genauso erlernt wie unsere Sprache und unsere Mobilität.
- Die zehn ***Anzeichen von perfektionistischen Menschen*** sind: Es gibt keinen Raum für Fehler; du gibst ungern Aufgaben ab; ganz oder gar nicht; das Endresultat steht immer im Vordergrund; du bist hart zu dir selbst; dein Erfolg ist nie gut genug; du wartest immer auf den richtigen Moment; du hast einen sehr hohen Anspruch; du bist detailversessen; du siehst überall Fehler; Bonus: Du bist ständig gestresst. – Was ist dein persönlicher Score?
- ***Perfektionismus wurde uns anerzogen*** und wird durch Social Media meist noch schlimmer.
- Warum Social Media in Wirklichkeit (A)Social Media heißen sollten und das Internet uns im wahrsten Sinne des Wortes süchtig macht.
- Wir erziehen eine Generation von Zombies und laufen selbst oft bewusstlos durchs Leben.
- Durch das Internet wird Dopamin in unserem Körper ausgeschüttet und das fühlt sich dann so, als würde James Brown jedes Mal zu »I feel good!« ausholen und du bekämst jedes Mal Gänsehaut davon.
- Der Unterschied zwischen gesundem und ungesundem Perfektionismus ist enorm.

- Die fünf Tipps für gesunden Perfektionismus lauten:
  - Sei ein gesunder Perfektionist und kein Neurotiker.
  - Befreie dich von der »ganz oder gar nicht« Einstellung.
  - Erledigt ist besser als perfekt.
  - Lerne, dich selbst mehr zu lieben.
  - Feiere deine Erfolge.
- Fazit: Wir tragen alle beiden Arten von Perfektionismus in uns. Wichtig ist, dass wir ***achtsam mit uns umgehen*** und rechtzeitig den Stecker ziehen, wenn es uns zu sehr in die ungesunde Richtung zieht.
- Neurotischer Perfektionismus ist oft bei sehr erfolgreichen Künstlern vorhanden. Er bewirkt, dass diese Person nach immer mehr strebt, da sie sich selbst nicht richtig annehmen kann.
- Neurotische Perfektionisten sind auch immer die schlimmsten Kritiker. Vielleicht kannst du mehr ***Mitgefühl entwickeln***, wenn du verstehst, wie sehr diese Menschen innerlich mit sich selbst zu kämpfen haben.

# Authen-tizitäts-killer 3

# Grenzenlos nett sein

## Schluss mit dem People Pleasing

People Pleasing ist ein weitverbreitetes Phänomen und bedeutet, dass man immer versucht, es allen recht zu machen, nur sich selbst nicht. Mein folgendes Zitat stammt etwas abgeändert ursprünglich von Bill Murray und er hat dies sehr schön formuliert: »Tetris hat mich gelehrt, dass man sich auflöst, wenn man sich zu sehr anpasst.«

> **»Bereits Tetris hat uns gezeigt, dass wir verschwinden, wenn wir uns zu sehr anpassen. Also bleib bitte bei dir selbst und lebe deine Authentizität. Anecken ist total okay.«**
>
> **Patricia Franke**

## Was genau steckt dahinter?

Doch was genau steckt hinter diesem Syndrom und ist es nicht grundsätzlich erst einmal gut, dass People Pleaser sich so aufopferungsvoll für ihr Umfeld einsetzen? An dieser Stelle erst einmal ein klares »Nein« von mir, denn im Adjektiv »aufopferungsvoll« präsentiert sich ja bereits das Subjekt als »Opfer«. Und dieses Substantiv hat selten einen positiven Charakter.

People Pleaser finden es schwer, klare Grenzen für sich zu ziehen. Sobald es eine Anfrage für die Mithilfe bei einem Umzug gibt, springt der People Pleaser als Erster auf und das sogar mit einem Bandscheibenvorfall. Wir kennen solche Menschen und haben auch bestimmt den einen oder anderen in unserem Freundeskreis. Fällt dir jemand ein? Bist das eventuell sogar du? Fällt es dir oft schwer, »Nein« zu sagen, selbst wenn du eigentlich gar keine Lust oder Zeit hast. Dann könntest auch du vom People-Pleaser-Syndrom befallen sein. Keine Sorge, das wird man auch ohne Tabletten mit ein wenig Übung los.

### NOCH EIN SCHNELLER BLICK AUF DAS, WAS PEOPLE PLEASING AUSMACHT:

- selbstloses Handeln
- People Pleaser haben immer Zeit für dich und dein Anliegen, auch wenn sie bis über beide Ohren in Arbeit versinken, krank oder sonst irgendwie unpässlich sind.
- Ein People Pleaser findet immer einen Weg, dir zu helfen, und übernimmt oft die Aufgaben, auf die sonst keiner Lust hat.

Klingt doch eigentlich ganz gut, oder? Grundsätzlich schon, denn People Pleaser sind per se oft sehr gute Menschen, die ihr Herz nach außen tragen, doch sie kommen selbst meist viel zu kurz und das hat Konsequenzen:

- Sie fühlen sich oft miserabel, weil sie keine Grenzen ziehen können.
- Sie fühlen sich schlecht, wenn sie andere enttäuschen, obwohl sie sich selbst damit am meisten hintergehen.
- Sie agieren aus der Angst heraus, nicht geliebt zu werden, wenn sie nicht parat stehen.
- Sie wurden oft mit einer Liebe mit Bedingungen großgezogen.
- Sie fühlen sich oft in ihrem Verhalten und dem Drang, immer für andere da zu sein, gefangen und hassen sich oft selbst dafür.
- Oftmals verübeln sie es anderen, dass sie ständig ausgenutzt werden, ohne jemals selbst etwas dagegen zu tun.
- Sie fühlen sich leer und nicht gebraucht, wenn sie anderen nicht helfen können.

People Pleasing ist keine klassische mentale Diagnose, die dir ein Psychiater ausstellt und dir daraufhin Tabletten verschreibt. Es ist vielmehr ein Syndrom, das sehr viele Menschen betrifft und in ihrem eigenen Leben einschränkt.

Die Ursache dafür sind meist mangelnder Selbstwert und wenig Selbstliebe. Viele People Pleaser sind in Familien aufgewachsen, in denen es keine bedingungslose Liebe gab, sondern in denen Aufmerksamkeit nur gegen etwas anderes eingetauscht wurde. Dies klingt jetzt sehr drastisch, und wenn wir in ihre Kindheit zurückschauen, dann meinen viele, dass alles ja gar nicht so schlimm gewesen sei. Das ist sicherlich und hoffentlich meistens auch der Fall. Häufig ist uns aber gar nicht bewusst, dass wir so erzogen wurden, weil unsere Eltern selbst so erzogen wurden und es nie besser wussten. Damit will ich niemanden kritisieren oder rügen, ich möchte aber appellieren, dass man das eigene Verhalten regelmäßig unter die Lupe nimmt, wenn man sich oft ausgenutzt und unzufrieden fühlt. Wenn wir nicht achtsam mit uns und unserem Verhalten umgehen, stehen ganz schnell die anderen im Feuer und wir verteilen die Schuld dort, wo sie nicht wirklich angebracht ist. Denn die Frage, die man sich stellen muss, ist doch beispielsweise, ob man denn wirklich gezwungen wurde, die Torte für Tante Hildegards Geburtstag zu machen, obwohl man dafür eine Nachtschicht einlegen musste und überhaupt keine Lust darauf hatte. Was wäre passiert, wenn man die Torte nicht gebacken hätte? Wäre danach die Enterbung per Einschreiben reingeflattert? Oder in einem anderen Fall: Wäre der Umzug der Freundin wirklich ins Wasser gefallen und die Freundschaft gleich mit, wenn man abgesagt hätte, weil es körperlich einfach nicht ging?

Wenn die Antworten hierauf »Ja« lauten, dann stellt sich zudem doch eher die Frage, welche Art von Freundschaften man pflegt und wie bedingungslos die Liebe der eigenen Familie tatsächlich ist.

Beim People Pleasing geht es vorranging darum, dass die betroffene Person ihre eigenen Bedürfnisse schlicht nicht erkennt und sich permanent den Wünschen anderer hingibt. Und bei allen endet das irgendwann über kurz oder lang in Frust. Vielleicht kennst du das von dir selbst. Es gibt da diesen einen Kollegen im Büro oder vielleicht ist es sogar dein Chef, der ständig seine Arbeit bei dir ablädt. Aus Höflichkeit und aus Angst davor, nicht zu gefallen, erledigst du die Arbeit immer mit, obwohl du selbst in eigenen Projekten ertrinkst. Ein anderer Kollege aus deinem Team nimmt nur ab und zu extra Arbeiten an und lehnt diese auch oftmals kategorisch ab und bekommt am Ende auch noch mehr als du, nämlich Respekt!

Kein Wunder also, dass People Pleaser sich oft mies fühlen. Sie arbeiten härter als die meisten anderen, kümmern sich von allen am aufopferungsvollsten und am Ende bekommen sie den wenigsten Respekt. Aber woher kommt das nun? Ganz einfach: weil sie sich selbst nicht ausreichend respektieren und schätzen. Wir zeigen mit unserem eigenen Verhalten anderen Menschen immer ganz genau, wie sie uns zu behandeln haben. Daher mein Appell an dich: Werde achtsamer mit deinem Verhalten und finde heraus, ob auch du unter dem People-Pleasing-Syndrom leidest.

Nachfolgend liste ich dir mal die Hauptindizien auf.

## Du gibst vor, mit jedem übereinzustimmen

Anderen Menschen zuzuhören, ohne dabei die eigene Meinung zu äußern, ist oftmals eine diplomatische und soziale Fähigkeit. Wenn du aber allem zustimmst, egal was gesagt wird, dann verletzt du damit deine Werte und wirkst schnell unehrlich – vor allem dir selbst gegenüber.

## Du fühlst dich verantwortlich für das, was andere fühlen

Das ist einer der essenziellsten Punkte überhaupt und ich empfehle dir, ihn dir so oft wie möglich vor Augen zu halten. Es ist natürlich wichtig zu verstehen, wie sich dein Verhalten auf andere auswirkt. Wenn wir andere systematisch verletzen, ist das nicht okay und wir müssen mit den Konsequenzen leben. Zu glauben, dass wir die Macht haben, andere zu verändern oder sie gar glücklich zu machen, ist ein fataler Irrglaube. Dieser Fehler wird oft in Familien und Liebesbeziehungen gemacht. Manche Eltern erwarten von ihren Kindern, dass sie sie glücklich machen und ihnen die Liebe geben, die sie von den eigenen Eltern nie bekommen haben. Das ist eine Form von emotionaler Manipulation – mit schlimmen Folgen. Diese Kinder werden automatisch zu People Pleasern und mit zunehmendem Alter immer trauriger und depressiver, denn sie können nun mal niemanden glücklich machen, vor allem sich selbst nicht. Jeder ist für seinen emotionalen Haushalt selbst zuständig. Genau das Gleiche gilt in Liebesbeziehungen, wenn vom anderen erwartet wird, die eigene Lücke mit Liebe zu füllen. Das aber kannst letztlich nur du selbst. Wenn du das für dich begreifst, wird sich alles in deinem Leben ändern.

## »Nein« ist für dich kein vollständiger Satz

Für dich ist es immer einfacher »Ja« zu sagen, als wirklich deine Meinung zu vertreten. Lieber sagst du später mit einer Krankheitsbegründung ab, als vorher deinen Unmut kundzutun. Zu diesem Pleasing-Indiz habe ich auch eine Folge in meinem Podcast »Kick-Ass Living« auf iTunes und Spotify, Upspeak, Audio Now und allen Podcast-Apps: #010 – Warum »Nein« ein vollständiger Satz ist.

## Du fühlst dich erdrückt von den Dingen, die du noch zu tun hast

Du bist verantwortlich für deinen Terminkalender und deine Freizeit. Als People Pleaser stehen in deinem Kalender bestimmt viele Aktivitäten, von denen du meinst, dass du sie machen musst, um anderen zu gefallen. Wenn ja, was könntest du tun, um diese ehrlich abzusagen? Und musst du wirklich überallhin und alles erledigen, um die Gunst und Anerkennung dieser Menschen zu erhalten?

## Du entschuldigst dich permanent und für so gut wie alles

Menschen, die anderen immer alles recht machen wollen, entschuldigen sich permanent. Auch dann, wenn sie es eigentlich gar nicht müssten. Das kratzt am eigenen Selbstwert und dein Gegenüber verliert schnell den Respekt, wenn er weiß, dass es alles mit dir machen kann, ohne dass du dich wehrst und beschwerst.

## Du verwandelst dich in die Menschen in deinem Umfeld

Wir kennen alle mindestens ein Pärchen, das den Anschein hat, als bestünde es nur aus einer Person. Meist ist einer der beiden ein People Pleaser, der sich komplett an den Partner anpasst. Es ist natürlich, dass wir uns von unseren engsten Freunden und der eigenen Familie ständig etwas abgucken, beispielsweise eine Redewendung, eine Geste oder ein bestimmtes Augenzwinkern. Ungesund wird es, wenn wir uns dabei Stück für Stück aufgeben, weil wir unbedingt akzeptiert und anerkannt werden möchten.

## Du kannst keine Konflikte eingehen

Es gibt kaum etwas Schlimmeres für den People Pleaser als ein Konflikt mit einer anderen Person. Aber denke daran: Nur weil jemand sauer auf dich ist, heißt es noch nicht gleich, dass du auch wirklich etwas Schlimmes getan hast oder dass diese Person nie wieder etwas mit dir zu tun haben möchte. Wenn du aber deine eigenen Bedürfnisse komplett zurückstellst, knickst du meist ein, sobald jemand sauer auf dich ist – und entschuldigst dich sogar für Verhalten, das unter Umständen angebracht war. Dadurch lebst du gänzlich an deinen eignen Werten und Bedürfnissen vorbei.

## Du tust alles, um Konflikte zu vermeiden

Und damit meine ich, dass du wirklich alles tust. Du lehnst jegliche Form der Konfrontation ab und stimmst lieber Meinungen zu, die du nicht vertrittst, um mögliche Diskussionen direkt im Keim zu ersticken. Damit verneinst du dich, deine Ansichten und deine Wünsche.

## Du brauchst Applaus, um dich gut zu fühlen

Zugegeben, wir alle finden Applaus mit einer Prise Konfetti ab und zu ganz schön. Wer mag es nicht, wenn er gelobt wird. Das geht runter wie Öl. Problematisch wird es aber, wenn deine eigene Wahrnehmung von dir selbst fest mit der Anerkennung aus der Außenwelt gekoppelt ist und du abhängig bist vom Applaus anderer für dich. Dies führt ganz schnell zu Frust und Depression, denn nicht immer wird es Konfetti regnen.

## Du kannst dich nicht verletzlich zeigen

Und hier haben wir wieder unseren Star im goldenen Pailletten-Frack: die Verletzlichkeit. Menschen, die sich schwer damit tun, authentisch zu sein, und einen Hang zum People Pleasing haben, zeigen oft auch nicht ihre Verletzlichkeit. Aus Angst vor der Ablehnung anderer unterdrückst und verschweigst du deine verletzten Gefühle, um bloß niemandem deine Schwäche zu zeigen.

So, abschließend zu diesen Indizien nun wieder die Frage an dich: Welche der zehn genannten Punkte treffen auch auf dich zu? Wo findest du dich wieder?

Hier ist Platz für deinen Score:

..........................................................................................................

Und auch jetzt kann ich dir wieder sagen: Ich kann dich gut verstehen, denn auch ich wollte es früher immer allen recht machen. Ich konnte jede dieser Aussagen in meinem Leben wiederfinden. Wirklich jede einzelne. Vor einigen Jahren hätte ich mich davor geschämt, das zuzugeben, doch mittlerweile kann ich mein vergangenes Verhalten akzeptieren. Erinnerst du dich noch folgenden Satz aus dem ersten Kapitel?

> »Du hast in der Situation in Bezug auf das Wissen, das du in diesem Moment hattest, das Beste getan«

Es ist nicht schlimm, dass du sehr auf deine Mitmenschen achtest und ihnen immer hilfst. Vergiss dich selbst dabei aber nicht. Das Wichtigste sind die heutige Erkenntnis und der Wille, etwas für sich und das eigene Leben ändern zu wollen. Nur wenn wir im Reinen mit uns sind, uns lieben, wertschätzen und respektieren, wird auch unser Umfeld uns diese Emotionen zurückgeben. Dann sind wir wirklich authentisch.

Schauen wir uns noch mal genau an, wie wir uns dauerhaft vom People Pleasing befreien können.

## Gegenmittel 3

### Sei achtsam mit dir

Auf die Gefahr hin, dass ich mich wiederhole: Achtsamkeit für unsere Verhaltensweisen ist der Schlüssel zu unserer Authentizität und unserem Glück. Erst wenn wir uns bewusst werden, womit wir uns selbst oft sabotieren, unterdrücken und kleinhalten, sind wir auch in der Lage, aus diesem Verhalten oder diesem Umfeld auszubrechen.

Mein Tipp für dich: Schreib dir jeden der Punkte auf, der dir in der People-Pleasing-Liste am nächsten gegangen ist. Denk an Situationen, in denen du selbst respektlos dir gegenüber gehandelt hast. Was waren das für Situationen? Und mit wem warst du zu diesem Zeitpunkt zusammen? Was müsstest du das nächste Mal tun, um in dieser Situation mehr nach deinen Werten aufzutreten?

## Beginne mit kleinen Schritten

Wenn du jahrelang immer »ja und amen« zu allem gesagt hast, ist es nicht verwunderlich, dass es dir jetzt nicht leichtfällt, das sofort abzulegen. Achte auch darauf, nicht von einem Extrem ins andere zu kommen und deine Mitmenschen vor den Kopf zu stoßen, indem du ihnen permanent ein »Nein, hab ich keinen Bock drauf!« um die Ohren knallst.

Beginne mit kleinen Schritten. Vielleicht hast du am nächsten Wochenende keine Lust auf den Kinoabend mit Freunden und möchtest lieber zu Hause auf der Couch verweilen. Dann versuche jetzt dein erstes kleines »Nein«. Oder vielleicht möchte deine Mutter an deinem freien Vormittag stundenlang mit dir telefonieren, obwohl du darauf gerade gar keine Lust hast. Dann sage auch zu ihr »Nein«.

Ein weiterer kleiner Tipp von mir: Erlerne eine Atempause, die dich davor bewahrt, dich zu erklären und zu rechtfertigen. Das musst du nämlich nicht immer tun. Du kannst natürlich eine Erklärung für dein »Nein« abgeben, wenn es dir ein dringendes Bedürfnis ist, aber es ist völlig okay, auch einfach nur »Nein« zu sagen, ohne dafür eine ellenlange Begründung herunterzubeten.

Die kleinen Schritte werden sich mit der Zeit immer mehr zu einem Marathon entwickeln und wir wissen ja, wie das mit dem Sport so ist. Je regelmäßiger wir einen Muskel trainieren, umso stärker wird er auch. Genau das wird sich auch mit deinem Verhaltensmuskel zeigen – er wird wachsen und du gewinnst an Selbstbewusstsein und stehst endlich für dich ein.

**»Du bist deine eigene Superpower, denn niemand ist so wie du!«** — **Patricia Franke**

## Lerne, dich selbst mehr zu schätzen und zu lieben

Wir haben gelernt, dass die meisten People Pleaser es allen recht machen wollen, weil sie die Anerkennung so sehr bei anderen suchen. Sie möchten zwingend gebraucht werden, damit sie sich selbst besser fühlen. Lege deinen Blick nun mal in deine Innenwelt. Welche Bedürfnisse in dir sind noch nicht gestillt? Was müsstest du tun, damit diese gestillt werden? Gibt es etwas, das du schon immer machen wolltest und dich bisher nie getraut hast? Schreib dir alles genau auf – am besten in deinem Kick-Ass-Journal.

Wenn es dir schwerfällt, dich zu lieben, dann stell dir einen Menschen oder ein auch ein Tier vor, dass du ganz besonders liebst. Schließe dabei deine Augen und spüre dieses Gefühl in deinem gesamten Körper. Wie fühlt es sich an? Mach dieses Gefühl ganz groß und spüre die Wärme in dir. Stell dir nun vor, dass du als Kind vor dir stehst, und übertrage diese Liebe, die du spürst, auf dein Kind-Ich. Ganz langsam und mit viel Geduld. Es kann sehr gut sein, dass dir diese Übung am Anfang schwerfällt, das ist normal und es wird mit der Zeit definitiv einfacher – versprochen.

Lade die kostenlose Selbstliebe-Meditation in der FREEBIE-Library auf meiner Webseite runter, um dieses Gefühl der Liebe zu verstärken: https://patriciafranke.com/de/deine-freebies/
Das Schöne an dieser Meditation ist, dass du sie tagsüber als kleine Liebes-Dosis, aber auch sehr gut vor dem Einschlafen hören kannst. Dein Unterbewusstsein nimmt alle Worte auf und verinnerlicht sie. Mit der Zeit wirst du merken, dass du dich besser annehmen und du einfacher Grenzen ziehen kannst.

## Gib dir Zeit

Alle Verhaltensweisen, die wir aufweisen, haben wir irgendwann einmal gelernt. Das Schöne daran ist, dass wir alles auch verlernen können. Das braucht natürlich Zeit und es hängt von der Regelmäßigkeit der Übungen und deiner Achtsamkeit ab, wie schnell du Resultate erzielst. Beginne damit, kurz innezuhalten, bevor du einer Freundin versprichst, mit ihr shoppen zu gehen, oder bevor du die PowerPoint-Präsentation deines Kollegen durchsiehst. Spüre erst einmal in dich und deine Bedürfnisse hinein, bevor du direkt den Autopiloten einschaltest und gleich »Ja, klar!« sagst. Wie fühlst sich die jeweilige Anfrage gerade an? Bist du unsicher, ob du die Zeit/Lust/Kraft dafür hast? Dann lehne erst einmal ab oder gib an, dass du für die Entscheidungsfindung etwas Zeit brauchst: »Ich muss noch in meinen Terminkalender gucken. Ich sag dir später noch Bescheid, ob ich kann.«

Gerade am Anfang wirst du sicherlich oft gefragt, ob alles in Ordnung mit dir ist, da du ja bisher ein anderes Verhalten an den Tag gelegt hast. Das ist normal und Teil des Prozesses. Mit der Zeit wird sich dein Umfeld aber an dein neues Verhalten gewöhnen und dich und deine Entscheidungen respektieren.

## Identifiziere deine Ziele

Dieser Appell ist ganz wichtig. Welche Ziele hast du gerade in deinem Leben? Stehst du gerade mitten vor einer Abschlussarbeit? Sparst du auf eine große Investition? Bist du gerade sehr involviert in deinen Job? Nur wenn du deine Ziele kennst, kannst du dein Leben auch planen und dementsprechend bei Anfragen von anderen zu- oder absagen.

Definiere regelmäßig deine Ziele in Form von kurzfristigen und langfristigen Zielen. Kurzfristig bedeutet zum Beispiel: Was muss ich heute/diese Woche noch erledigen, damit ich mich wohlfühle? Langfristig wäre: Wo sehe ich mich in den nächsten drei bis fünf Jahren, was will ich erreichen? Was brauche ich dafür? Was sind meine Etappenziele? Ich empfehle dir, dass du dich einmal die Woche hinsetzt und deine Woche planst. Viele von uns machen das hinsichtlich ihrer Projekte im Job, aber in Bezug auf unser Leben? Hast du den Überblick? Je mehr dein Fokus auf dein Ziel gerichtet ist, umso eher wirst du es auch erreichen können. In dem Moment, in dem du dich und dein Leben, deine Bedürfnisse ernst nimmst, werden das auch die Menschen in deinem Umfeld tun.

### Entferne dich von toxischen Menschen

Als letzten Punkt bringe ich jetzt noch die »toxischen Menschen« ins Spiel. Sie bekommen im nächsten Kapitel auch noch ihren ganz eigenen Platz, deswegen schneide ich es hier nur kurz an. Vielleicht fällt dir ja sofort eine Person ein, die dich immerzu um Hilfe bittet und bei der du ganz besonders schlecht »Nein« sagen kannst. Für den Moment gehen wir hierauf noch nicht näher ein, behalte diese Person aber mal im Hinterkopf und sei auf das nächste Kapitel gespannt.

## Fazit

Die meisten Menschen sind schon einmal in die People-Pleasing-Falle getappt. Daran ist nichts peinlich und es ist nicht schlimm, denn »du hast in der Situation in Bezug auf das Wissen, das du in diesem Moment hattest, das Beste getan«. Wichtig ist nur, dass du aus deinem Zombieschlaf erwachst, wenn du merkst, dass dir dieses Verhalten nicht guttut.

People Pleasing erscheint auf den ersten Blick harmlos; betrachtet man es aber genauer, stellt man fest, dass sich dahinter Konsequenzen wie Stress, Depression und Burnout verstecken. Je mehr wir uns aufopfern, um anderen zu gefallen, desto abhängiger werden wir von ihrer Anerkennung. Selbstakzeptanz und Selbstliebe fallen sogar ganz weg.

Je mehr wir uns selbst reflektieren können und auf unser Verhalten eingehen, um so eher sind wir auch in der Lage, bewusste Grenzen für uns zu ziehen. Dies ist in allen Bereichen wichtig. Am Anfang mag das noch schwer fallen, doch mit ein wenig Übung wirst du schnell merken, dass es leichter wird und dass du dadurch von deinem Umfeld auch mehr Respekt bekommst. Nur, wenn du dich selbst genug schätzt und liebst, kann das auch dein Umfeld tun.

Je mehr wir uns anderen anpassen, desto mehr verneinen wir uns selbst und verschwinden wie die passenden Teile im Tetris-Spiel. Als Resultat sind wir nicht mehr bei uns und haben keine Kraft für ein authentisches Leben. Also let's do it and let's kick-ass! Zum Glück hast du es aber selbst in der Hand, das zu ändern.

**»Ein ›Nein‹ zu anderen ist ein ›Ja‹ zu dir.«**

**Patricia Franke**

## Deine Notizen

Wie lautet dein People-Pleaser-Score?

..................................................................................

..................................................................................

..................................................................................

In welchen Momenten und mit welchen Menschen bist du besonders im People-Pleaser-Modus?

..................................................................................

..................................................................................

..................................................................................

Warum ist das so und wie kannst du das in Zukunft vermeiden?

..................................................................................

..................................................................................

..................................................................................

Was kannst du bereits heute tun, um deinen Anti-People-Pleaser-Muskel zu trainieren?

..................................................................................

..................................................................................

..................................................................................

Was musst du tun, um dich selbst mehr zu schätzen, zu lieben und zu respektieren?

..................................................................................

..................................................................................

..................................................................................

Was sind deine kurzfristigen und langfristigen Ziele? Wie kannst du diese am besten erreichen?

..................................................................................

..................................................................................

..................................................................................

# RECAP Kapitel 3

- People Pleasing hat was von Tetris-Spielen – je mehr wir uns anpassen, umso mehr lösen wir uns auf.
- Die zehn klassischen ***Indiktoren für People Pleasing*** lauten:
  - Du gibst vor, mit jedem übereinzustimmen.
  - Du fühlst dich verantwortlich für das, was andere fühlen.
  - »Nein« ist für dich kein vollständiger Satz.
  - Du fühlst dich erdrückt von den Dingen, die du noch zu tun hast.
  - Du entschuldigst dich permanent und für so gut wie alles.
  - Du verwandelst dich in die Menschen in deinem Umfeld.
  - Du fühlst dich nicht gut, wenn jemand böse auf dich ist.
  - Du tust alles, um Konflikte zu vermeiden.
  - Du brauchst Applaus, um dich gut zu fühlen.
  - Du kannst dich nicht verletzlich zeigen.
- Dein People-Pleasing-Score:

  ..............................................................................................

- ***»Du hast in der Situation in Bezug auf das Wissen, das du in diesem Moment hattest, das Beste getan.«***
- Deine sechs Gegenmittel beim People-Pleaser-Syndrom:
  - Sei achtsam mit dir.
  - Beginne mit kleinen Schritten.
  - Lerne, dich selbst mehr zu schätzen und zu lieben.
  - Gib dir Zeit.
  - Identifiziere deine Ziele.
  - Entferne dich von toxischen Menschen.
- Warum es für deine seelische Gesundheit wichtig ist, aus dem Zombieschlaf aufzuwachen.
- Du kannst dein ***Verhalten jederzeit ändern***.

# Authentizitätskiller 4

# Im toxischen Umfeld verharren

> »Toxische Menschen vergiften nicht nur ihr Umfeld, sondern vor allem sich selbst.«
>
> Unbekannt

Im letzten Kapitel hatte ich sie dir ja schon angekündigt: die toxischen Personen. Es gibt sie wirklich und sie stehen unglaublich gern ganz nah bei den People Pleasern, da diese ja ständig alles für sie machen.

Ich spreche von den Menschen, die uns wirklich nicht guttun, die dieses beißende Gefühl in unserer Magengegend hinterlassen, wenn wir mit ihnen zu tun haben. Damit meine ich nicht, dass wir Angst vor ihnen haben, sondern dass wir instinktiv spüren, dass diese Menschen Ärger mit sich bringen. Es fühlt sich so an, als seien wir sprichwörtlich vergiftet worden, hintergangen, belogen, ausgenutzt. Wir nehmen die unehrliche Energie dieser Menschen wahr, häufig schlucken wir das ungute Gefühl aber runter und tun es als Einbildung oder Magengrummeln ab. Aber in diesen Situationen ist Vorsicht geboten, denn das Perfide ist, dass die kleinen Angriffe der toxischen Personen zwar meist sehr subtil sind, wie kleine Ameisenbisse, schnell aber damit enden, dass wir uns vollständig selbst aufgeben.

Vielleicht denkst du ja gerade an eine solche Person. Das kann dein Chef oder Kollege sein, jemand aus deinem Freundes- und Bekanntenkreis oder leider auch ein Mitglied deiner Familie. Diese Menschen vermitteln uns immer ein ungutes Gefühl und hindern uns, uns so zu zeigen, wie wir wirklich sind. Daher ist es sinnvoll, sich diese Menschen genauer anzuschauen und unter Umständen etwas Abstand in die Beziehung zu ihnen zu bringen. Manchmal ist eine kleine Auszeit auch ausreichend, um sich selbst wiederzufinden und sich ausreichend zu stärken.

### HIER SIND TYPISCHE MERKMALE TOXISCHER MENSCHEN:

- Toxische Menschen hören sehr schlecht zu und lenken Gespräche immer wieder auf sich und ihre Bedürfnisse. Das liegt daran, dass sie nicht sehr empathisch sind und sich immer in den Vordergrund stellen.
- Sie erkennen deine Verletzungen selten an und kontern direkt mit etwas, das du ihnen angetan hast, ohne dabei näher auf dich einzugehen. Schuldgefühle kennen sie nicht, da sie ihr eigenes Verhalten nur sehr schlecht bis gar nicht reflektieren können.
- Toxische Menschen sind oft sehr übergriffig und ignorieren deine Grenzen bzw. machen sich erst gar keine Gedanken über sie. Wenn du deine Grenzen selbst noch nicht so gut kennst, dann bist du ein gefundenes Fressen für den Toxiker.
- Toxische Menschen wissen genau, was sie von dir wollen, sprechen ihre Erwartungen dir gegenüber aber erst dann aus, wenn du sie bereits bitterböse enttäuscht hast. Um ihnen gerecht werden zu können, müsstest du die Fähigkeit der Telepathie haben.
- Sie erpressen dich gerne emotional. »Ja, okay, du brauchst mich nicht besuchen zu kommen. Vielleicht lebe ich ja das nächste Mal noch. Vielleicht aber auch nicht. Du wirst schon sehen, was du davon hast.«

- Toxische Menschen sind wahrhaftige Dramatiker – sie jammern und weinen, bis sie deine Aufmerksamkeit bekommen. Danach weisen sie alles von sich und sagen, dass du ja total übertrieben hättest.
- Wenn du toxische Menschen auf ihre Machenschaften ansprichst, wird dich ein Donnerwetter erwarten. Sie ertragen keinerlei Kritik und werden mit aller Macht versuchen, dich einzuschüchtern.
- Toxische Menschen, gerade die aus der eigenen Familie, geben gerne vor, der perfekte Elternteil zu sein. Vor anderen Menschen mimen sie den liebevollen Part, während sie auf der anderen Seite erniedrigen, einschüchtern und belächeln. Man braucht nicht viel Vorstellungskraft, um zu verstehen, welche verheerende Folgen das für ein Kind oder einen Partner hat.
- Toxische Menschen sind Experten der Manipulation. Sie verfolgen grundsätzlich nur ihre eigenen Interessen und lügen so stark, dass sich die Balken biegen. Oft erzählen sie dir auch einfach, was du hören willst, um dich von sich zu überzeugen.
- Sie habe einen hohen Anspruch an andere – leisten selbst aber nur einen kleinen Teil.
- Toxische Menschen sind oft neidisch und missgünstig und versuchen, dir deine Freude zu nehmen.
- Toxische Menschen können sich nie ehrlich entschuldigen. Wenn sie merken, dass sie etwas falsch gemacht haben, werden sie sich nur mit Sätzen wie »Sorry, aber du warst genauso schlimm.« rechtfertigen.
- Bei toxischen Menschen hast du immer das Gefühl, dass du ein Minenfeld betrittst, und du weißt nie, wann und wo welche Mine hochgeht. Trittst du auf die falsche Stelle, dann explodiert es um dich herum.
- Toxische Stille: Manipulative Menschen werden gern einfach irgendwann still, um noch mehr aus dir herauszuho-

len. Diese Taktik wird auch gern im Verkaufsgespräch verwendet, denn die wenigsten Menschen fühlen sich wohl, wenn es mitten im Gespräch plötzlich still wird. Hier gilt: Wer zuerst spricht, hat verloren, ist der Schwächere. Und genau das nutzt der Toxiker gern zu seinen Gunsten aus.

- Manchmal verschwinden toxische Menschen auch von heute auf morgen. Dieses Phänomen findet man vor allem in der Dating-Welt und es gibt mittlerweile auch eine Bezeichnung dafür: Ghosting. Wie ein Geist ist diese Person dann vom Erdboden verschwunden und hinterlässt bei der zurückbleibenden Person einen Krater an Verletzungen. Es ist viel schlimmer, nicht zu wissen, was passiert ist, als wenn man ohne jegliche Begründung einen Korb bekommt oder eine Trennung erfährt. Auch wenn dieses unbegründete Verschwinden sehr wehtut, versuche dir klarzumachen, dass du ohne diese Person in deinem Leben besser dran bist.

Wenn du dir diese Liste mit den klassischen Verhaltensweisen toxischer Menschen anschaust, stehen dir vielleicht schon die Nackenhaare zu Berge. Gut so. Denn je eher du einen toxischen Menschen als solchen entlarvst, desto eher hast du die Chance, dich von ihm fernzuhalten oder sein Verhalten zu entlarven und entsprechend dagegen zu reagieren.

Natürlich hat jeder von uns mehr oder wenige toxische Eigenschaften und mit Sicherheit gibt es Momente, in denen auch wir uns mal so verhalten, wie ich es eben in der Liste beschrieben habe. Das ist menschlich. Wir alle machen Fehler. Doch wie bei fast allem kommt es auf das Ausmaß an. Ist dieses Verhalten nur eine Phase, weil wir uns gerade schwach fühlen, es uns nicht gut geht, wir überfordert sind oder Ähnliches, kann man egoistische Handlungen verzeihen. Tritt das Verhalten aber immer auf, kann man eigentlich von einer Persönlichkeitsstörung sprechen. Sie wird unter anderem auch dem Narzissmus zugeordnet. Narzissten sind, grob gesagt, Menschen, die

– wie Narziss damals am See – in ihr eigenes Spiegelbild verliebt sind und keinerlei Empathie für andere Menschen haben. Für sie existiert nur die eigene Welt. Alles andere ist verschwommen und nebensächlich. Beim Narzissmus spricht man auch von einer Spektrum-Störung. Im Grunde werden wir alle als kleine Narzissten geboren. Babys sind die Bedürfnisse anderer völlig egal. Mama hat kaum geschlafen, Papa hat einen wichtigen Termin? Ein Baby schreit, kackt, pupst, lacht, weint, wann immer ihm danach ist, und alle haben zu parieren. Mit der Entwicklung und Erziehung beginnen irgendwann die Eingrenzung und Sozialisierung. Wir tragen also einen gewissen Narzissmus in uns, allerdings nicht in einem solchen Ausmaß, als dass soziales Verhalten nicht möglich ist. Bei toxischen Menschen ist das anders – bei ihnen schlägt der Zeiger in das eine Extrem und sie sind nicht in der Lage, ihr eigenes Verhalten zu reflektieren. Die Folge ist der emotionale Missbrauch anderer Personen. Viele Psychologen sagen, dass diese Art von Missbrauch fast schlimmer sei als der physische, da psychische Misshandlungen nicht sichtbar sind. Man sieht keine blauen Flecke oder äußeren Verletzungen und die Opfer haben es schwer, ernst genommen zu werden.

Nun ist dieses Buch keine Expertenlektüre zu den Themen der psychologischen Persönlichkeitsstörungen oder des emotionalen Missbrauchs und ich reiße die beiden Themen bewusst nur sehr oberflächlich an. In meinen Buch-Empfehlungen am Ende dieses Buches findest du Referenzliteratur, die ich dir zu diesem Thema ans Herzen lege, solltest du noch einen tieferen Einblick gewinnen wollen.

Wie aber gehst du jetzt mit solchen toxischen Menschen um und was machst du, wenn sich eine solche Person in deiner direkten Nähe – zum Beispiel im Job, in der Partnerschaft oder in der Familie – befindet?

# Gegenmittel 4

## Erkenne, wer die toxischen Menschen in deinem Leben sind

Hier geht es nicht darum, durch deinen Alltag zu laufen und all diejenigen in die Schublade der »Giftstoffe« zu stecken, die dir mal etwas Schlechtes angetan haben, die dich nicht mögen oder die du schlicht selbst nicht magst. Wir alle haben regelmäßig Differenzen mit Menschen in unserem Leben – das heißt aber nicht, dass alle wirklich toxisch sind. Während du die Indikatoren von vorhin durchgelesen hast, wird dir vielleicht schon die eine oder andere Person in den Sinn gekommen sein und das sicherlich zu Recht. Vielleicht ist dieses Thema aber auch gänzlich neu für dich – super! Dann bist du ab jetzt vielleicht ein bisschen wachsamer, denn früher oder später treffen wir leider immer auf einen der Toxiker. Man braucht ja nur in die Politik der USA zu schauen, wenn man ein Paradebeispiel für mangelnde Empathie und Größenwahn sucht.

Um einen wirklich toxischen Menschen zu entlarven, helfen dir die vorher beschriebenen Indikatoren. Doch das beste und erste Anzeichen ist dein Bauchgefühl. Du spürst meist direkt, wenn jemand nicht ganz koscher ist. Vielleicht nicht sofort, aber wenn du genau hinhörst, wirst du es merken. Nach einer Begegnung mit einem toxischen Menschen fühlst du dich oft klein, ausgelaugt, minderwertig, depressiv, ängstlich, durcheinander oder auch wütend. Oft wissen wir gar nicht, was genau mit uns passiert ist. Wir haben nur dieses schlechte Gefühl in uns. Das ist immer ein ganz starkes Anzeichen dafür, dass deine Grenzen übertreten wurden und dass du dich entweder besser wappnen musst oder dieser Person besser aus dem Weg gehen solltest.

## Raus mit der Sprache!

Sobald du solch ein mieses Gefühl hast oder dich nach jedem Treffen mit dieser Person schlecht fühlst, ist es an der Zeit, dieses Gefühl ernst zu nehmen. Ab jetzt bitte raus mit der Sprache! Und hör auf, die Situationen totzudenken und dich für die komische Stimmung verantwortlich zu machen. Das machen wir vor allem dann, wenn die Person Teil unserer Familie ist. Wer steht sich schon gern ein, dass ihm der Kontakt zu einem Elternteil nicht guttut? Was für einen Menschen macht es aus einem, wenn man die eigenen Eltern kritisiert? Ich kann das sehr gut nachvollziehen und kann dir auf den Weg geben, dass es zwar wichtig ist, die eigene Familie zu respektieren, aber noch viel wichtiger ist es, dass du dich selbst respektierst. Und wenn dir geschadet wird, ist es deine Verantwortung, für dich und dein Wohlbefinden einzustehen, indem du bestimmt Grenzen setzt.

Wenn wir unsere Verletzungen unter der Oberfläche lassen und sie ignorieren, kommen sie irgendwann mit geballter Kraft an die Oberfläche. Im schlimmsten Fall geben wir unsere Verletzungen dann in Form von Verletzung an anderen weiter. Verletzte Kinder werden zu verletzten Erwachsenen, die wieder andere verletzen, wenn sie nicht selbst an ihrer Heilung arbeiten. Zu diesem Thema empfehle ich dir ein Buch ganz besonders: »Das bleibt in der Familie« von Sandra Konrad.

### FRAGEN, DIE DU STELLEN KANNST, WENN DU EIN UNGUTES GEFÜHL HAST.

- Hast du gerade schlechte Laune? Es wirkt auf mich so, als würdest du gerade deinen Frust bei mir abladen wollen.
- Bist du gelangweilt? Mir kommt es so vor, als würde dich das, was ich sage, überhaupt nicht interessieren.
- Die Art und Weise, wie du gerade mit mir sprichst, verletzt mich. Ist das deine Intention?
- Wichtig ist es, von sich zu sprechen und die Person gegenüber nicht zu beschuldigen. Wenn wir direkt mit »Du hast

aber das und das gemacht« loslegen, bekommen wir nur eine defensive Reaktion zurück. Es wirkt wie ein Angriff und dein Gegenüber hat nur noch die Möglichkeit, anzugreifen, ohne dir dabei bewusst zuzuhören. Hier empfehle ich eine Lektüre zu »gewaltfreier Kommunikation«, mit der du noch tiefer in die Materie eintauchen kannst.

Wenn du beginnst, die toxische Person in deinem Leben auf ihr Verhalten anzusprechen, wirst du schnell merken, ob sie nur aus einer Laune heraus so handelt oder wirklich immer so ist. Mit diesen Fragen stehst für dich und deine Gefühle ein.

### ES GIBT DREI MÖGLICHKEITEN, WIE DIE TOXISCHE PERSON AUF DIE FRAGEN REAGIERT:

- Oh, das war mir nicht bewusst. Tut mir leid, wenn ich so wirke. Ich habe tatsächlich gerade viel um die Ohren. Das wäre die Reaktion einer gesunden und empathischen Person. Sie nimmt dich ernst und respektiert dich.
- Ich weiß nicht, wovon du sprichst. Wo waren wir stehen geblieben? Dieses Verhalten ist nicht okay, denn es zeigt ganz deutlich, dass die Person dich und dein Anliegen nicht ernst nimmt. Sie reflektiert ihr Verhalten auch nicht und macht einfach dicht. Du wirst mit deinem Gefühl stehen gelassen und fühlst dich vermutlich noch mieser als vorher.
- Was soll das? Was fällt dir ein, so mit mir zu sprechen? Was glaubst du, wer du eigentlich bist? Meinst du, du gehst so viel besser mit mir um? Eine Frechheit! Die klassische Antwort einer toxischen Person. Den Angriff mit einem Gegenangriff kontern. Es gibt keinerlei Verständnis für dein Anliegen und stattdessen kriegst du eine Extrasalve Beschimpfungen ab.

Wenn du jemanden konkret auf sein Verhalten ansprichst, kannst du ihn damit in seine Schranken weisen. Du zeigst der Person klar und deutlich, dass du solch ein Verhalten nicht schätzt und die Gründe dafür verstehen möchtest. Wenn du mit deiner Nachfrage einen Hagel an Beschimpfungen erntest, weißt du auf jeden Fall, mit wem du es zu tun hast und dass du in Zukunft vielleicht einen Bogen um die Person machen solltest. Sollte die Person nicht gemerkt haben, wie sie mit dir umgeht, hältst du ihr einen Spiegel vor und sie kann, sofern sie denn empathisch ist, ihr Verhalten reflektieren und ändern. »Ach Mann, ich habe gar nicht gemerkt, dass ich so mit dir gesprochen haben. Ich habe momentan einfach zu viel um die Ohren. Tut mir leid.« – »Alles gut. Wie kann ich dir helfen und dir etwas Arbeit abnehmen?«

Klingt doch alles gleich viel besser, oder nicht? Viel Erfolg beim Ausprobieren.

> **»Wenn du nicht heilst, was dich verletzt hat, verletzt du andere, die dich nicht verletzt haben.«**
> **Patricia Franke**

## Toxisches Verhalten ist nicht in Ordnung

Hör auf, dir einzureden, toxisches Verhalten sei okay. Vor allem, wenn die toxische Person aus unserer eigenen Familie stammt, haben wir unser ganzes Leben damit verbracht, diese Person in Schutz zu nehmen, zu entschuldigen und zu rechtfertigen. Denn was ist schlimmer, den Schmerz runterzuschlucken oder zuzugeben, dass diese geliebte Person uns nicht wirklich lieben kann? Was macht diese Diagnose mit uns? Bedeutet das, dass wir nicht liebenswert sind, wenn sogar ein oder beide Elternteile uns nicht lieben können? Bevor du weiterliest, sei dir bitte bewusst, dass du, so wie du bist, wertvoll und liebenswert bist. Das Schlimme am Verhalten toxischer Personen ist, dass ihre Verletzungen meist sehr unterschwellig und fast unbemerkt geschehen. Daher denkt man im Anschluss oft darüber nach, ob das jeweilige Verhalten wirklich so gemeint war und ob es schlimm genug war, dass man sich dagegen wehren müsste. Ja, das war es!

Wenn wir feststellen, dass die Giftstoffe aus der eigenen Familie stammen, legen die meisten von uns erst einmal den Rückwärtsgang ein und gehen in die Verteidigungshaltung über. Das ist auch menschlich. Doch um wirklich heilen zu können und vernünftige Grenzen zukünftig zu setzen, ist es nun an der Zeit, der toxischen Person gegenüberzutreten und der Sache klar ins Auge zu sehen.

Natürlich ist es auf den ersten Blick einfacher, keine Konfrontationen einzugehen und immer »ja und amen« zu sagen. Aber was macht das langfristig mit dir, mit deinem Leben, deinen Beziehungen, deinen Kindern? Manchmal fällt es uns leichter, Unangenehmes zu tun oder anzusprechen, um andere dadurch zu schützen und vor Gleichem zu bewahren. Wenn du eigene Kinder hast, denke an sie und daran, wie auch sie profitieren, wenn du dich für dich selbst einsetzt. Wenn du einen toxischen Chef hast und deine schlechte Laune zu Hause an deinem Partner auslässt, ist das hoffentlich der Tritt in den Hintern, den es braucht, damit du für dich einstehst. Wichtig ist, dass die notwendige Konfrontation/Aussprache aus deiner eigenen Motivation heraus kommt und du dich bereit dafür fühlst. Lass dich nicht zu irgendeiner überstürzten Reaktion drängen.

Hör auf, die Person mit Sätzen wie »Ja, aber er hatte so eine schlechte Kindheit.« oder »Ihr geht es einfach nicht so gut, da sie so einsam ist.« oder »Er hat einfach so viel Stress.« zu entschuldigen. Denke endlich mal an deine eigene Lebensqualität. Wenn du ständig alles runterschluckst und in dir vergräbst und dich nicht richtig davon abgrenzen kannst, welche Art von Leben ist das dann? Und noch viel wichtiger: Welche Auswirkungen hat das auf deine mentale und physische Gesundheit und auch dein Umfeld?

## Setze klare Grenzen

Nachdem du dir nun bewusst gemacht hast, was es mit toxischen Menschen so auf sich hat, fragst du dich mit Sicherheit: »Ja, ist ja alles total plausibel, aber wie ziehe ich denn jetzt eine richtige Grenze?« Gute Frage. Eine Möglichkeit hast du ja bereits gelesen: Sprich die Person auf ihr Verhalten an. Dabei sei erwähnt, dass es nichts bringt, das Verhalten beim Namen zu nennen im Sinne von »Du bist total giftig!«. Solche Aussagen haben nur die Konsequenz, dass jemand noch heftiger reagiert, denn er fühlt sich angegriffen und geht zum Gegenangriff über. Und dieses Verhalten ist sogar nachvollziehbar. Besser ist es also, wenn du eine der oben genannten Fragen stellst, mit der man der Person die Möglichkeit der Selbstreflexion gibt. Wenn du weiterhin attackiert wirst, bleibt nur deine Standhaftigkeit oder aber die Distanzierung.

Mit deinem Verhalten dir gegenüber zeigst du, wie andere Menschen dich behandeln sollen. »Es reicht jetzt. Ich lasse mir das nicht mehr gefallen. Wir können das gerne weiter besprechen, aber bitte nicht in diesem Tonfall.« Mit solch einer Aussage demonstrierst du deinen eigenen Selbstrespekt und stehst für dich ein. Eine durch und durch toxische oder narzisstische Person wird dich natürlich nicht erst nehmen. Vielleicht erinnerst du dich: Toxische Menschen können sich nur sehr schlecht bis gar nicht reflektieren und sind sich nie ihrer eigenen Schuld bewusst. Halte für dich aber fest, dass du niemals angreifbar bist, wenn du es nicht zulässt. Niemand kann dir deine Würde nehmen, wenn du es nicht zulässt. Wenn wir diesen Gedanken verinnerlichen, wird er zu unserer Super Power. Das bedarf Zeit, Reflexion und noch mehr Zeit. Doch das alles ist es wert, denn je mehr du dich damit beschäftigst, umso stärker wirst du. Einer meiner Lieblingsmentoren ist Dr. Wayne Dyer. Leider ist er bereits in 2015 verstorben. Eines seiner bekannten Zitate lautet:

**»If you change the way you look at things, the things you look at change.« – »Wenn du veränderst, wie du die Dinge betrachtest, verändern sich die Dinge, die du betrachtest.«**

Wenn du dieses Zitat verinnerlichst, dann hast du deinen Superschutzschild immer bei dir. Oftmals versuchen wir, die Menschen oder die Bedingungen in unserem Leben zu ändern, was völlig irre ist, denn wir können niemanden ändern. Überleg doch mal, wie schwer es ist, seine eigenen Verhaltensweisen zu ändern. Wie sollen wir also einen anderen Menschen verändern können? Wenn wir nun so einen Toxiker vor uns haben, dann bringt es nichts, ihn permanent darauf hinzuweisen, dass er uns schlecht behandelt, zu analysieren, woher das wohl kommt, und ihm zu sagen, was er dagegen tun kann. Wir können ihn nur durch unser eigenes Verhalten und unsere Äußerungen Grenzen setzen. Wenn wir erkennen, dass es sich um eine giftige Person handelt, dann liegt es an uns, uns zu rüsten, vorzubereiten und dementsprechend zu handeln.

Wenn wir von also eine Negativsalve abbekommen, dann können wir zum Beispiel mit folgendem Satz kontern: »Ich danke dir für deine Meinung, ich gebe sie dir hiermit zurück. Vielen Dank.«

Stell dir vor, jemand würde dir zum Geburtstag ein Tablett mit einem Haufen frischer Hundekacke servieren. Die ist so frisch, dass sie noch dampft. Was willst du jetzt damit tun? Sie fröhlich entgegennehmen und dich dann auch noch für dieses Geschenk bedanken aus Angst vor dem Donnerwetter, dass dir entgegenkommen könnte, wenn du diese sprichwörtliche Kacke direkt ansprichst? Nein, oder? Da hilft es, wenn wir sagen: »Oh, vielen Dank fürs Teilen, aber – nein danke.«

Klingt zu einfach? So ist es aber. Ich nutze hier ganz bewusst diese plakative Aussprache und eklige Bild, denn genauso wie dieser Haufen stinkt, stinkt auch der ganze Mist, den du von einer toxischen Person bekommst. Willst du das Geschenk wirklich entgegennehmen und dir ins Regal stellen? Deine Entscheidung.

## Nimm die Dinge nicht persönlich

Wenn du negative Leute auf ihr Verhalten ansprichst, kontern sie meist, dass du doch nicht immer alles so persönlich nehmen sollst. Solche Aussagen lösen leider meist aus, dass man das eigene Verhalten, die eigene Reaktion tatsächlich kurz hinterfragt. Doch bitte denk immer dran: Nicht dein Verhalten ist fehl am Platz, sondern ihres!

Das gilt vor allem auch dann, wenn sie die »Schuld-Keule« schwingen. Sobald du toxische Personen auf ihr Verhalten ansprichst, werden sie sofort damit beginnen, dir die Schuld zuzuweisen. Die meisten von uns fühlen sich nach so einer Anschuldigung schnell verunsichert und hinterfragen ihr Verhalten. Wenn du merkst, dass dir das immer und immer wieder mit derselben Person passiert, dann solltest du dir mal überlegen, warum du sie in deiner Nähe hast.

Lass nicht zu, dass dich solche zu 99,99 % unangebrachten Schuldzuweisungen aus der Bahn werfen und an deinem Selbstwert kratzen. Wir ziehen unglaublich viel Kraft und Freiheit daraus, wenn wir Angriffe nicht mehr so persönlich nehmen. Die meisten toxischen Menschen verhalten sich jedem gegenüber so. Ihr Verhalten hat also gar nichts mit dir zu tun, sie sind einfach immer so, egal mit wem sie gerade zu tun haben. Auch wenn sie dich persönlich angreifen, denk daran: Sie projizieren nur ihre eigene Unzulänglichkeit auf dich. Allein dieser Gedanke kann dir helfen, das nächste Mal einfach durchzuatmen und die Negativität nicht persönlich zu nehmen.

## Distanziere dich

Ich habe dir jetzt verschiedene Schritte mitgegeben, die dir dabei helfen, toxische Menschen zu enttarnen und dich gegen sie und ihr

Verhalten zu wehren. Vielleicht merkst du bereits an der Länge dieses Kapitels, dass mir dieses Thema sehr am Herzen liegt. Ich selbst habe so eine toxische Person in meiner Familie und musste mich irgendwann von ihr distanzieren. Nun bin ich keine Verfechterin des Kontaktabbruchs und es gibt kein Patentrezept, wie man mit jeder toxischen Person umgehen sollte. Letztlich muss das jeder für sich selbst entscheiden.

Ich empfehle aber immer eine klar definierte Zeit der Distanz, in der man sich ein bisschen mehr mit diesem Thema, der Person und ihrem Verhalten auseinandersetzt und den Kontakt erst mal unterbricht. Das kann auch bedeuten, dass wir uns vielleicht einen neuen Job suchen, um einem toxischen Chef oder einer übellaunigen Chefin aus dem Weg zu gehen. Ich sage nicht, dass diese »Flucht« der Idealfall ist, doch aus eigener Erfahrung und der meiner Coaching-Klienten kann ich sagen, dass es hilft, wenn wir Abstand nehmen. Und wenn du den Distanz-Zeitraum nicht konkret festlegen magst, kannst du alles auch ein bisschen auf dich zukommen lassen und schauen, wie sich die Dinge entwickeln. Das ist auch okay.

Es reicht natürlich nicht, einfach wie der Strauß den Kopf in den Sand zu stecken und vorzugeben, dass alles wieder okay ist, wenn wir die akute Situation nicht mehr vor uns haben. Das funktioniert leider nicht. Nur Distanz aufzubauen reicht nicht. Du musst dich mit der Sache auch auseinandersetzen. Denn wenn wir die Dinge nicht verarbeiten, verstehen, akzeptieren und loslassen, dann tragen wir sie weiter in uns und geben sie direkt an unsere Nachkommen und unsere Umwelt weiter.

Es ist völlig in Ordnung, sich eine Auszeit zu nehmen – auch von der eigenen Familie. Ich empfehle, dass man aber kurz ankündigt, dass man Zeit für sich braucht, um verschiedene Dinge aufzuarbeiten, und sich deswegen etwas zurückzieht. Manchmal erntet man dafür Verständnis, oft auch nicht. Das macht nichts und ist auch nicht weiter zu bewerten. Wichtig ist, dass du diese Auszeit wirklich für dich nutzt, um deinen Selbstwert und deine Selbstliebe zu stärken. Dass du diesen großen Schritt machst, wird dir Kraft schenken.

Es geht bei all dem auch nie darum, jemand anderem eins auszuwischen, sondern es geht darum, dich selbst zu respektieren und zu lernen, wie du in Zukunft mit toxischen Personen umgehst. Die frei gewordene Zeit kannst du mit Coachings, Meditation, Lektüre oder auch dem Schreiben eines Tagebuchs nutzen, um durch Reflexion herauszufinden, was passiert ist. Wenn du das erkannt hast, kannst du das Geschehene akzeptieren und loslassen. Über meine Methode »Verstehen – Akzeptieren –Verzeihen«, kurz VAV-Methode, spreche ich später noch ausführlicher in einem eigenen Kapitel. Wenn du merkst, dass du jetzt direkt mehr darüber wissen möchtest, darfst du natürlich schon kurz dort hinblättern und ein bisschen darin lesen. Doch komm an diese Textstelle hier zurück, damit du nichts Wichtiges verpasst, das dir bei dem Weg in deine Authentizität weiterhelfen wird.

## Praktiziere Mitgefühl

Als nächster Schritt des Prozesses kommt das Loslassen. Wenn du definiert hast, wer die toxische Person in deinem Leben ist, wenn du verstehst, warum sie so ist, und wenn du den wichtigen Abstand genommen hast, um zu Kräften zu kommen, dann lohnt es sich, den Blick auf die Vergebung zu richten. Menschen, die so negativ, manipulativ, oft garstig, gemein, niederträchtig oder einfach böse mit anderen umgehen, habe etwas ganz Großes mit ihren Opfern gemeinsam: die Verletzung. Sie fühlen sich innerlich elend und agieren deshalb so oft hasserfüllt mir ihrer Umwelt, weil sie sich dadurch stark fühlen.

Die Frage, die du dir stellen solltest, lautet deswegen: Welche Beweggründe hat die Person? Handelt es sich hier wirklich um eine Persönlichkeitsstörung oder geht es dieser Person vielleicht auch nicht gut? Kannst du sie auf Dauer in ihre Schranken weisen, wenn du ihr zeigst, wie du behandelt werden möchtest, oder ist das ein Kampf gegen Windmühlen?

Bedenke aber auch immer: Nur weil jemand gerade mal eine schlechte Phase hat, gibt es ihm/ihr nicht gleich das Recht, andere schlecht zu behandeln. Selbst wenn die Person an sich gar nicht gemein ist, rechtfertigt das nicht ihr gemeines Verhalten. Immerhin sollte sie dann aber in der Lage sein, das Verhalten zu ändern, wenn du es ihr aufzeigst.

Bei der Mitgefühl-Praxis geht es darum, zu erkennen, dass die Person aus dem Motiv heraus handelt, sich besser zu fühlen, da sie ohne diese jeweilige Handlungen einfach nur ein sich miserabel fühlender Mensch ist. Das hilft dir vielleicht zu erkennen, dass du gar nicht so viel Angst vor ihr haben musst, wie du ursprünglich dachtest. Toxische Menschen ergötzen sich daran, andere schwach zu sehen, und ziehen daraus ihre Kraft. Sobald wir Mitgefühl praktizieren und uns dies klar wird, wird deutlich, dass wir vor ihnen gar nicht so viel Angst haben müssen, denn sie sind selbst noch viel schwächer. Und wenn wir selber keine Angst mehr zeigen, nehmen wir der toxischen Person automatisch ihre Macht.

> —— **Mitgefühl ist der Höhepunkt deiner persönlichen Stärke.** ——
> **Patricia Franke**

Mitgefühl kannst du auch sehr gut aus der Ferne praktizieren – in der Zeit, in der du dir etwas Distanz aufgebaut hast. Viele meiner Klienten fragen mich, ob wir der Person mit unserem Rückzug denn keinen Freifahrtschein geben. Nein, denn wir entschuldigen ihr Verhalten nicht mehr und wir vergeben auch kein Mitleid. Indem wir Mitgefühl praktizieren, lassen wir unsere Verletzungen Stück für Stück los und erlauben uns, das Fehlverhalten der anderen Person nicht mehr so nah an uns heranzulassen.

## Fazit

Fakt ist: Toxischen Menschen werden wir immer wieder in unserem Leben begegnen. Wichtig ist, dass wir sie rechtzeitig erkennen und lernen, in diesen Momenten mit unseren Gefühlen umzugehen. Gerade wenn wir toxische Menschen in unserer Familie haben, werden wir vermutlich regelmäßig auf diese Sorte von Mensch treffen, bis wir unsere eigenen Verletzungen geheilt haben. Dies liegt daran, dass wir als Kind gelernt haben, dass diese toxische Beziehung zu unseren Eltern für uns normal und vertraut ist. Sie ist unbewusst in uns verankert und wir verbinden sie mit Liebe. Daher ist es nicht verwunderlich, wenn wir in unserem Leben als Erwachsene andere toxische Menschen anziehen und damit unsere Erfahrungen aus der Kindheit wiederholen. Ein guter Indikator dafür ist der Blick auf die eigenen Freundschaften und Liebesbeziehungen. Finden wir uns hier immer wieder in denselben Mustern, in denen wir immer dieselbe Art vom vermeintlich schlechten Partner treffen, lohnt sich der Blick auf unsere Beziehung zu unserer Familie. Wie oft höre ich Coaching-Klienten davon sprechen, dass der Partner an allem schuld ist oder dass man einfach immer Pech hat bei der Partnerwahl. Sie sehen sich als Opfer ihrer Situation, ohne zu merken, dass sie unbewusst die Rolle aus ihrer Kindheit immer und immer wieder wiederholen.

Erst wenn uns das bewusst geworden ist, sind wir in der Lage, achtsamer für uns zu handeln und zu agieren.

## Deine Notizen

Wer ist eine toxische Person in deinem Leben?

.......................................................................

.......................................................................

.......................................................................

.......................................................................

Was genau tut sie?

.......................................................................

.......................................................................

.......................................................................

.......................................................................

Wie wirkt sich das auf dich aus?

.......................................................................

.......................................................................

.......................................................................

.......................................................................

Ist dies nur eine schlechte Phase dieser Person oder eine Regelmäßigkeit?

.......................................................................

.......................................................................

.......................................................................

.......................................................................

Wie kannst du besser für dich einstehen? Was genau müsstest du tun?

.......................................................................

.......................................................................

.......................................................................

.......................................................................

# RECAP Kapitel 4

- Toxische Menschen vergiften nicht nur ihr Umfeld, sondern vor allem sich selbst.
- Man merkt die Begegnung mit einem toxischen Menschen durch viele verschiedene Indikatoren, einer der wichtigsten ist ***das miese Bauchgefühl*** nach einem solchen Treffen.
- Klassische ***Merkmale toxischer Menschen*** sind unter anderem: mangelnde Empathie, wenig bis keine eigene Selbstreflexion, eine enorme Wichtigkeit der eigenen Person, welche über ein gesundes Maß an Selbstbewusstsein und Selbstliebe hinausschießt, fehlendes Schuldeingeständnis, ständige Kritik, Schuldzuweisungen bis hin zur persönlichen Beleidigung, kein Respekt vor Grenzen, kein Interesse für andere Personen, Ausnutzung anderer zugunsten der eigenen Interessen, Manipulation und Lügen, verlässt sich auf den mangelnden Selbstwert der anderen, um an das eigene Ziel zu kommen.
- Die Folgen eines Kontakts mit einer toxischen Person sind verheerend und vergleichbar mit denen von emotionalem Missbrauch.
- Dieser ***emotionale Missbrauch*** ist oft schwerwiegender als der physische, da er meist unsichtbar ist und von den Opfern als nicht messbar eingeschätzt wird. Es gibt keine blauen Flecken oder sonstige physische Anzeichen, die körperlichen Missbrauch anzeigen. Die Folgen sind vielmehr Verletzungen an der eigenen Seele, die sich u.a. in verschiedenen psychosomatischen Störungen wiederfinden, z.B. Essstörungen, mangelnder Selbstwert, mangelnde Beziehungsfähigkeit, Abhängigkeiten von Drogen, Alkohol etc. Viele der Betroffenen sehen sich zunächst nicht als Opfer, denn für sie war dieses toxische Umfeld »normal« und

da sie keine offensichtlichen Schäden sehen, finden sie es umso schwerer zu akzeptieren, was mit ihnen passiert ist. Viele Menschen, die sich in einem toxischem Umfeld oder einer Beziehung befinden, tappen im Dunkeln, auch wenn ihnen genug Warnsignale entgegentreten. Daher ist es immer sinnvoll, sich ehrlich zu reflektieren, denn Handlungen sprechen immer mehr Wahrheit als Worte. Geht es mir wirklich gut? Ist mein Leben wirklich in Ordnung? Haben immer nur die anderen Schuld oder inwiefern habe ich einen Einfluss darauf? Sind meine impulsiven Handlungen immer gerechtfertigt oder handle ich im Autopilot, weil ich es so gelernt haben?

Die sieben Gegenmittel sind:

- Mache dir bewusst, dass du es mit einer toxischen Person zu tun hast.
- Sprich gezielt an, was dich stört, und beobachte dann die jeweilige Reaktion.
- Höre auf, die Person zu entschuldigen. Das fällt uns besonders schwer, wenn die Person ein Familienmitglied ist.
- Setze klare Grenzen. Du zeigst mit deinem Verhalten und deiner Selbstachtung, wie andere Menschen dich behandeln sollen.
- Nimm die Attacken nie persönlich. Toxische Menschen hauen wie wild um sich, um sich innerlich besser zu fühlen. In ihnen herrscht eine trostlose Leere.
- Distanziere dich, wenn nötig. Es ist in Ordnung, von Menschen Abstand zu nehmen, wenn sie einem nicht guttun. Dies kann eine temporäre Distanz sein oder auch ein ewiger Bruch. Die Entscheidung liegt bei dir. Wichtig ist jedoch, dass du diese Distanz für dein Wachstum nutzt.
- Praktiziere Mitgefühl, es ist deine Stärke.

# Authen-tizitäts-killer 5

# Das Betrüger-Syndrom hereinlassen

> »Ich wache jeden Morgen auf und denke: Ich kann das nicht. Ich bin eine Betrügerin.«
>
> Kate Winslet

Es gibt da ein Geheimnis, das ich gerne mit dir teilen möchte: Ein Großteil von uns hatte schon einmal das Gefühl, dass er eine Mogelpackung sei. Die Quote ist gerade bei den Menschen sehr hoch, die überdurchschnittlich erfolgreich sind. Das Betrüger-Syndrom, auch Impostor-Syndrom genannt, zeichnet sich dadurch aus, dass wir unsere Leistungen anzweifeln, runterspielen oder auch gerne dem Glück zuschreiben. Wenn andere uns für unsere Erfolge Komplimente machen, nehmen wir sie nicht richtig an, da wir immer das Gefühl haben, dass wir an diesen gar nicht beteiligt waren.

Oft wird darüber debattiert, ob nun mehr Frauen oder mehr Männer unter diesem Syndrom leiden. Bisher gibt es hierzu keine konkreten Erkenntnisse und es wird vermutet, dass beide Geschlechter unter diesem Gefühl leiden. Ich finde es aber immer wieder bemerkenswert, dass gerade die Menschen sehr stark darunter leiden, die in der Außenwelt als extrem erfolgreich angesehen werden.

Michelle Obama spricht in ihrer Biografie zum Beispiel sehr offen über ihr Gefühl, eine Betrügerin zu sein. Sie war sich sicher, dass irgendwann jemand erkennen würde, dass sie gar nicht so gut in allem sei, wie immer alle dachten. Jennifer Lopez hat weltweit insgesamt 70 Millionen Platten verkauft und betont stets in Interviews, dass sie sich selbst nicht als gute Sängerin oder Musikerin bezeichnen würde. Ihr Gesangstalent sei dahingestellt, Fakt ist aber, dass sie eine der erfolgreichsten Künstlerinnen der Musikbranche ist, die sich nicht verstecken muss.

Auch viele Männer, die milliardenschwere Unternehmen leiten, haben Angst davor aufzufliegen. Und damit meine ich nicht die Angst vor den Steuerbehörden, sondern die Angst davor, dass ihr Umfeld erkennt, dass sie gar nicht so viel mehr draufhaben als jeder andere Mitarbeiter des Unternehmens.

Das Schlimme am Betrüger-Syndrom ist, dass es uns oft daran hindert, das zu tun, was wir uns wirklich wünschen. Wir haben permanent Angst, nicht gut genug zu sein. Wir behindern uns damit selbst und können uns nicht authentisch zeigen. Daraus resultieren Angst, Depression, Burnout, Stress, Panikattacken und vieles mehr. Vielleicht kennst du ja einen der nachfolgenden Gedankengänge.

Du hast deinen Traumjob bekommen, doch dein inneres Ich sagt dir, dass das nur daran liegt, weil es kaum Konkurrenten gab. DU bist zwar aufgestiegen, sehr viel weiter wirst du aber nicht kommen, schließlich würde irgendwann ja mal jemand entdecken, dass deine Karriere eigentlich nur Glück war.

Du hast gerade deinen Abschluss gemacht und überlegst dir schon, welche Zusatzzertifizierung du noch brauchst, um noch besser und angesehener zu sein. Vielleicht hast du schon einen Doktortitel, aber klingt Dr. Dr. nicht noch besser? Oder warum nicht gleich Professor? Und was kommt danach? Du siehst, das ist eine never ending story, die mit viel Stress verbunden ist.

Dein Unternehmen macht einen riesigen Umsatz und du sagst dir, dass es purer Zufall war, dass dich der Kunde ausgesucht hat. Und mit Sicherheit hat er deine Firma nur ausgewählt, weil du dich halt zuerst auf die Ausschreibung beworben hast; hätte er mehr Zeit gehabt, hätte er sich sicher für einen Konkurrenten entschieden.

Du musst in deiner Firma einen Vortrag halten und bist dir sicher, dass alle denken, dass du doch keine Ahnung hast, wovon du da eigentlich redest. Warum wurdest ausgerechnet du ausgewählt, um über dieses Thema zu reden?

Oder du sitzt im nächsten Meeting und wartest nur darauf, dass dein Boss gleich um die Ecke kommt, dir auf die Schulter tippt und sagt, dass eine weitere Zusammenarbeit wenig sinnvoll sei. Sie haben sich bei deiner Einstellung schlichtweg vertan.

Solche Gedanken finden nicht nur im beruflichen Kontext statt, sondern auch im Privatleben.

Während du eine neue Beziehung beginnst, denkst du schon, dass das niemals von langer Dauer sein kann, weil dein Partner eh bald herausfindet, dass du so gar nichts draufhast. Egal, wie verliebt dein Partner in dich ist, du bist dir ganz sicher, dass er dich auf jeden Fall verlassen wird.

Das Problem bei solchen Gedanken ist nicht nur, dass wir uns damit behindern und unglücklich machen, sondern, dass sie sich manchmal in eine selbsterfüllende Prophezeiung entwickeln. Wie oft habe ich schon mit Klienten gesprochen, die ihre Beziehung von sich wegstoßen, weil sie einfach nicht daran glauben, dass sie es wert sind, geliebt zu werden.

Und hier haben wir es schon wieder: die Definition unseres eigenen Wertes. Damit steht und fällt alles in unserem Leben – auch unsere Authentizität.

## Gegenmittel 5

### Trenne Gefühle von Fakten

Es gibt immer Momente, in denen wir uns dumm fühlen. Das ist menschlich und darf auch von Zeit zu Zeit passieren. Lege deinen

Fokus aber auf das, was du kannst. Schau dir deine Erfolge von einer außenstehenden Perspektive an. Im NLP (Neuro-Linguistisches Programmieren) spricht man von einer dissoziativen Handlung. Du stellst dir einfach vor, du würdest dich von außen mit den Augen eines Fremden betrachten. Damit dissassoziierst du dich von dir selbst. Was würde dieser Fremde in dem Moment sehen? Wie sieht er deine Erfolge? Wow! Du hast schon ganz schön viel erreicht, oder?

## Versuche, weniger perfektionistisch zu sein

Die Sache mit dem Perfektionismus hatten wir bereits, im Zusammenhang mit dem Betrüger-Syndrom muss ich sie aber nochmals ansprechen.

### FOLGENDE FRAGEN KÖNNEN DIR HIER HELFEN:

- Wirst du oft als detailverliebt bezeichnet?
- Fällt es dir schwer, zu delegieren?
- Wenn du ein extrem hoch gestecktes Ziel nicht erreichst, hast du dann den Eindruck, nicht gut genug zu sein?

Wenn du diese Fragen mit »Ja« beantworten kannst, hilft es dir vielleicht, wenn du lernst, Dinge auch mal an andere abzugeben und Fehler als natürlichen Prozess zu betrachten.

Und wenn deine innere Horror-Show wieder beginnt zu zetern, zu schimpfen oder dich zu warnen, dass jetzt immer noch nicht der richtige Zeitpunkt gekommen ist, dann nimm sie einfach als Motivator und tu genau das Gegenteil von ihrer Warnung – jetzt erst recht! Denn immer dann, wenn uns die eigene Horror-Show etwas ausreden will, tut sie das nur, um uns zu bremsen aus Angst vor dem Versagen. Wenn du alle Risiken abwägen kannst und nicht ohne Fallschirm aus dem Flugzeug springst, dann hat unsere Angst meist weniger etwas

Lebensbedrohliches, sondern eher etwas Lebensverneinendes. Unsere Ektase liegt immer hinter unter unserer Angst.

## Du darfst dich auch mal klein fühlen

Wenn du ein neues Projekt in deinem Unternehmen vorstellst oder in einem neuen Freundeskreis für deine Meinung einstehst, ist es normal, dass du dich unsicher fühlst und aufgeregt bist. Jeder von uns tut sich schwer mit Neuem und fühlt sich ab und an verloren und klein. Das bedeutet aber nicht, dass du das auch wirklich bist oder dass du eine bestimmte Chance nicht verdient hast.

## Lerne, anders mit Fehlern umzugehen

Wenn du Fehler in die Kategorie Erfahrungen einordnest, dann entziehst du ihnen automatisch die Macht über dich. Henry Ford sagte einmal so treffend:

> **— »Scheitern ist die Gelegenheit, noch einmal mit mehr Intelligenz zu starten.« —**

Gestehe dir zu, dass du nur ein Mensch bist und dass Fehler nun mal passieren. Nach Fehlern gibt man aber nicht sofort auf. Orientiere dich hier an den Athleten; sie brauchen etliche Wiederholungen, ehe sie ihre Meisterleistungen vollbringen können. Immer und immer wieder stehen sie auf und versuchen es erneut. Genau diese Einstellung wird auch dir helfen, wenn du Fehler nicht mehr als etwas Schlechtes siehst, sondern einfach nur als einen Versuch, der ein paar mehr Anläufe braucht.

## Lerne, die Dinge wieder wie ein Kind zu betrachten

Wenn du bisher der Meinung warst, dass du immer alles sofort wissen musst, dann ist es an der Zeit, einen Cut zu machen. Niemand weiß alles, auch erfolgreiche Personen sind nicht allwissend. Eins meiner Lieblingsbeispiele ist die Biografie von Sara Blakely: Mit nur 5000 Dollar Erspartem hat sie das milliardenschwere Unterwäsche-Label Spanx gegründet. Und trotz ihres Erfolgs hält auch sie sich oft noch für eine Betrügerin. In ihrer Biografie und in täglichen Posts auf Instagram schreibt sie, dass sie versucht, sich klarzumachen, dass sie ihren Erfolg verdient hat. Und dass sie als Gründerin und CEO nicht immer alles wissen muss; vielmehr versucht sie, Unbekanntes wie ein Kind zu betrachten, das stets Neues lernt, und vor allem hat sie keine Angst davor zu scheitern. Ihr Vater lehrte sie und ihren Bruder schon in ihrer Kindheit, dass Scheitern nur ein Versuch ist, der noch nicht ausgereift ist. Jeden Tag nach der Schule mussten Sara und ihr Bruder berichten, was ihnen alles Peinliches passiert und was ihnen alles missglückt war. Mit dieser Taktik lernten sie Scheitern und Misserfolge als etwas Lustiges, Ungefährliches zu sehen. Und es scheint zu funktionieren, immerhin ist ihr Unternehmen eines der am schnellsten wachsenden der USA.

## Fake it till you make it

Auf Deutsch übersetzt heißt dieser Satz so viel wie: »Tu so, als ob.« Gerade wenn du mal wieder das Gefühl hast, nicht gut genug zu sein, hilft es, dir das vor Augen zu führen, was viele sehr erfolgreiche Menschen tun: Tu einfach so, als hättest du das Ziel schon erreicht. Psychologisch hilft dir das, aktiv zu werden und dein negatives Gedankenkarussell abzuschalten, das dich eh nur runterzieht. Um mutig zu sein, musst du einfach mal was wagen.

## Sprich offen über dein Gefühl

In dem Moment, in dem wir uns anderen offenbaren, geschieht meist etwas Magisches. Vielleicht fühlst du dich in deinem Job total unter Druck und hast das Gefühl, einfach nicht voranzukommen. Suche das Gespräch mit deinem Chef und erzähle ihm von deinem Gefühl. Was kann er schon Schlimmes antworten? Wird er dich wirklich schlecht bewerten und rauswerfen? Oder wird er deine Ehrlichkeit zu schätzen wissen und mit dir eine Lösung finden? Ich hatte eine solche Situation, als ich im Vertrieb eines Unternehmens arbeitete. Ich sollte vor versammelter Mannschaft eine Präsentation zu einem neuen Projekt halten. Bisher habe ich das noch nicht erzählt, aber vor versammelter Mannschaft etwas vortragen ist so ziemlich meine größte Angst. Singen, in knapper Bekleidung tanzen – alles kein Problem. Aber frei sprechen und etwas vorstellen? Das war der Horror. Als ich meinem Chef dies mitteilte, reagierte er völlig ruhig und verständnisvoll. Und nicht nur das, er lobte meine bisherige Arbeit und verriet mir auch ein Geheimnis: Er hatte ebenfalls mit seinem Selbstbewusstsein zu kämpfen und stets den Eindruck, nicht gut genug zu sein. Er riet mir, Dinge einfach mal anzugehen, denn was konnte schließlich schon Schlimmes passieren? War es wirklich lebensbedrohlich, wie ohne Fallschirm aus dem Flugzeug zu springen, oder malte ich mir – wie so oft – einfach nur ein schreckliches Szenario aus? Diesen Tipp kann ich dir nur ans Herz legen, denn erst wenn wir die Dinge, vor denen wir am meisten Angst haben, tun, können wir uns von ihnen lösen.

# Fazit

Das Betrüger-Syndrom betrifft einen Großteil aller Menschen. Es ist wichtig, dass wir uns bewusst machen, in welchen Situationen es auftritt, und dass wir lernen, zu akzeptieren, dass es ein Teil von uns ist. Ich hatte mal eine sehr erfolgreiche Ingenieurin als Klientin. Sie hatte schon in jungen Jahren viel erreicht und das in einer von Männern dominierten Branche. Die Frau wirkte tough und selbstbewusst, doch während unseres Gesprächs gestand sie, dass sie von sich und ihrem Können wenig überzeugt sei. Sie verstand nicht, warum alle von ihrer Arbeit begeistert waren, und hatte den Eindruck, ständig nur zu improvisieren. Statt ihr bei dieser Annahme zuzustimmen, machte ich folgende Übung mit ihr:

**LASSE DEINE ÄNGSTE EINFACH MAL ZU.** Wann immer sie in den kommenden drei Monaten in eine Situation kommen sollte, in der sie sich als Betrügerin fühlte, sollte sie kurz innehalten. Statt noch härter zu arbeiten und nach den Zigaretten zu greifen, sollte sie einfach stillsitzen, tief atmen und das Gefühl willkommen heißen. Nicht mehr und nicht weniger. Ich wiederhole noch einmal: Der Schlüssel, um deine negativen Gefühle aufzulösen, ist es, sie willkommen zu heißen und nicht wegzudrücken.

Anfangs rauchte meine Klientin bei diesen Ruhepausen zwar noch, doch immerhin gönnte sie sich die Pause und schon nach kurzer Zeit hatte sie das Gefühl, nicht gut genug zu sein, gar nicht mehr so häufig. Dadurch, dass sie das Gefühl erkannte und akzeptierte, verlor es mit jedem Mal etwas mehr an Wirkung.

Dieselbe Übung empfehle ich dir für alle deine negativen Gefühle. Lass sie einfach mal zu, statt sie permanent wegzuschieben, und beobachte, was dann geschieht. Unsere Gefühle sind nichts anderes als die Wolken am Himmel. Mal zieht eine helle Wolke vorbei, mal eine dunkle. Wenn wir es schaffen, unsere Gefühle nicht mehr so stark zu bewerten und einfach nur so zu betrachten wie die Wolken am Himmel, dann haben sie auch keinen so großen Einfluss mehr auf uns. Wir fühlen uns durch sie nicht mehr so blockiert und gelähmt. Und auf einmal wirkt der Betrüger in uns gar nicht mehr so groß und furchteinflößend, sondern eher wie ein Welpe, der dringend mal gekuschelt werden muss. Natürlich ist auch all das ein Prozess, der Zeit braucht, aber versuche doch gleich heute Abend mal, deine Gedanken nur zu betrachten, statt in die Horror-Show einzutauchen.

Ich bin mir sicher, dass du Erfolg haben wirst.

# Die zehn typischen Anzeichen von Selbstsabotage

- ## Selbstkritik

Sobald du etwas Neues beginnst, hörst du schon deine persönliche Horror-Show in deinem Kopf, die dir alles aus- und schlechtreden will. Sie lässt dich glauben, dass du nicht gut genug bist, und mindert damit dein Selbstwertgefühl. Beschimpfe lieber deinen inneren Kritiker als dich selbst und wirf die Stimme auf Dauer raus!

- ## Aufschieberitis

Denk darüber nach, was dir alles entgehen wird, wenn du etwas aufschiebst und dem Gefühl nachgehst, dass du nicht so richtig Lust hast oder einfach nicht bereit bist. Kleines Geheimnis: Wir sind nie wirklich ready, sondern erst, wenn wir es tun.
Und wenn du schon wieder aufschiebst, frage dich, was die Konsequenzen auf lange Sicht sind.

- ## Betrüger-Syndrom

Erinnere dich täglich daran, dass du es selbst in der Hand hast, deinen eigenen Weg zu gehen. Selbst die sehr erfolgreichen Menschen erfahren immer wieder das Betrüger-Syndrom. Doch es liegt an dir, ob du diesem inneren Kritiker zuhörst oder dir ähnliches wie bei deiner Horror-Show widerfährt.

- ## Negativität

Ist dein Glas halb voll oder halb leer?
Siehst du das Schöne an den Dingen oder fokussierst du dich immer auf das Negative? Übe dich in Dankbarkeit und versuche in allem etwas Positives zu finden, aus dem du lernen kannst.

- ## Exzess

Drogenkonsum ist ein Zeichen für Selbstsabotage. Aber auch emotionales Essen, exzessives Shopping, überdurchschnittlich viel Alkohol oder übertriebener Sport können Mittel sein, um unbequemen Gefühlen auszuweichen.

- ## Dein Purpose/dein Warum

Jeder Mensch hat etwas, das ihn antreibt. Menschen, die sich selbst sabotieren, hinterfragen ständig ihr Warum und sind sich nie so richtig sicher. Sie möchten sich einfach nicht festlegen. Versuche, hier Klarheit zu bekommen und daran festzuhalten.

- ## Vergleiche

Der Vergleich mit anderen kann motivieren, wenn man durch die Leistung anderer inspiriert ist. Genauso gut kann es auch demotivieren und ein Zeichen dafür sein, dass man sich selbst sabotiert, da man ja nie so gut sein wird wie die anderen. Somit fühlst du dich schlecht und beginnst erst gar nicht damit, dein Ding zu machen.

- ## Konflikte

Häufig sind selbstsabotierende Menschen süchtig nach Konflikten. Sobald alles friedlich ist, beginnen sie einen Streit, nur um das vertraute Chaos zu schaffen. Versuche, ehrlich und offen mit deinen Mitmenschen zu kommunizieren und zu lernen, wie man richtig konfrontiert.

- ## Akzeptiere

Lerne zu akzeptieren, dass das Leben uns zu 10 % passiert und wir zu 90 % die Möglichkeit haben, darauf zu reagieren. Du kannst nicht alles kontrollieren, daher lerne loszulassen und praktiziere so oft es geht Dankbarkeit.
Dadurch wirst du klarer und kannst die richtigen Lösungen finden.

- ## Simpel

Versuch dein Leben zu vereinfachen und gut zu organisieren.
Dies hilft dir dabei, weniger selbstsabotierend zu agieren.

## Deine Notizen

In welchen Momenten spürst du das Betrüger-Syndrom?

.........................................................................

.........................................................................

.........................................................................

Wie wirkt es sich bei dir aus?

.........................................................................

.........................................................................

.........................................................................

Was kannst du in dieser Situation besser machen, um dich weniger klein zu fühlen?

.........................................................................

.........................................................................

.........................................................................

Wie lauteten deine bisherigen Regeln im Leben und wie kannst du sie neu formulieren?

.........................................................................

.........................................................................

.........................................................................

Wen aus deinem Umfeld kannst du mit ins Boot holen, um über deine Ängste zu sprechen?

.........................................................................

.........................................................................

.........................................................................

Was kannst du bereits heute tun, damit es dir besser geht?

.........................................................................

.........................................................................

.........................................................................

# RECAP Kapitel 5

- Fast jeder von uns hat sich schon mal wie eine Mogelpackung gefühlt. Das Betrüge- Syndrom betrifft Männer wie Frauen gleichermaßen.
- Viele berühmte Menschen sprechen ganz offen darüber, zum Beispiel Michelle Obama, Kate Winslet oder Jennifer Lopez.
- Das Schlimme ist, dass uns diese ***Eigenwahrnehmung*** zum einen daran hindert, unsere Träume zu verwirklichen, und uns zum anderen einem enormen Stress aussetzt, da wir permanent Angst haben, von anderen bezüglich unserer Unfähigkeit entlarvt zu werden.
- Das Problem bei solchen Gedanken ist, dass sie uns emotional runterziehen und sich manchmal in eine selbsterfüllende Prophezeiung verwandeln. Aufgrund unseres negativen Selbstwerts können wir nicht glauben, dass andere wirklich uns und auch unsere Leistung schätzen.
- Die sieben Gegenmittel für das Betrüger-Syndrom lauten:
  - Trenne Gefühle von Fakten.
  - Versuche, weniger perfektionistisch zu sein.
  - Du darfst dich auch mal klein fühlen.
  - Lerne, anders mit Fehlern umzugehen
  - Lerne, die Dinge wieder wie ein Kind zu betrachten
  - Fake it till you make it
  - Sprich offen über deine Ängste
- Fazit: ***Wir alle haben diese Ängste.*** Wichtig ist, sie sich einzugestehen.
- Finale Übung: ***Lass deine Gefühle einfach zu und beobachte sie*** völlig wertefrei.

# Authen-tizitäts-killer

# 6

# Sich mit anderen vergleichen

> »Eine Blume denkt nicht daran, sich mit einer anderen Blume zu vergleichen. Sie blüht einfach.«
>
> Zen Shin

Kaum etwas raubt uns mehr Kraft als der konstante Vergleich mit anderen. Unsere Gesellschaft ruft laut: »Sei doch einfach du selbst! – Hallo?! Aber doch bitte nicht so!«

Auch hier werden wir täglich durch das Internet beeinflusst. Morgens ein Blick auf Instagram und die neuen Trends lassen uns direkt den Inhalt unseres Kleiderschranks neu überdenken.

»Was, die Rita ist schon wieder schwanger? Hat die nicht gerade erst geheiratet? – Schnell, ich muss mich wieder bei Tinder anmelden.« »Es kann doch nicht sein, dass unser Nachbar schon wieder ein neues schickes Auto hat. Wie macht er das bloß?« »So jung und schon so viel erreicht im Leben? Oh Gott, was bin ich nur für ein Versager?«

Ich übertreibe absichtlich ein wenig in meinen Ausführungen, ähnlich hören sich die Aussagen in meiner Coaching-Praxis aber an. Das Schlimmste ist das gedankenverlorene Scrolling durch Social Media. Wir denken, dass wir uns einfach ein wenig entspannen wollen und schauen nur mal eben, was in unserem Freundeskreis und der

Welt so passiert. Und dann geht es ganz schnell! Unsere Aufmerksamkeit richtet sich auf das scheinbar perfekte Leben von anderen Menschen und wir selber fühlen uns auf einmal ganz schön mies.

Die Universität in Wales bringt jährlich Studien zum Thema Internetsucht raus, die schildern, dass die Depressionsraten aufgrund des Internetkonsums täglich steigen. Ich hatte bereits im Vorwort erwähnt, dass laut Jahresbericht der Techniker Krankenkasse die Burnout-Raten um das 18-Fache gestiegen sind. Und heutzutage sitzen nicht mehr nur die spielsüchtigen pubertären Teenager stundenlang vor dem PC, fast jeder ist mehrere Stunden am Tag auf Social Media unterwegs.

Im Durchschnitt verbringt ein Erwachsener dreieinhalb Stunden pro Tag an seinem Handy. Was meinst du, wie viel Zeit davon nutzt er für Informationsrecherchen und wie lange ist er in den sozialen Netzwerken unterwegs? Richtig, Facebook, Instagram und Co. schlucken stolze drei Stunden! Das mag auf den ersten Blick erst einmal gar nicht sooo viel erscheinen, aber lass dich nicht täuschen. Drei Stunden sind auch nur ein paar Folgen auf Netflix, aber wie lang anhaltend sind die Folgen und wie schwerwiegend die Nebenwirkungen dieses Konsums? Wie lange beschäftigt uns noch das, was wir auf Social Media gesehen haben?

»Der Peter hat sein Start-up erst vor Kurzem gegründet und schreibt jetzt schon schwarze Zahlen?« »Sind die schon wieder auf Reisen? Oh Mann, das werde ich mir nie leisten können.« »Hat sie sich schon wieder so tolle Klamotten gekauft? Dafür reicht mein Budget leider nicht.« »Der ehemalige Kollege ist schon wieder auf Bali und arbeitet mittlerweile erfolgreich ›remote‹?« »Die Bekannte aus Süddeutschland, die immer etwas zu viel auf den Rippen hatte, ist auf einmal zur Fitfluencerin geworden und zeigt sich durchtrainiert im Bikini?«

Egal, was es ist, und egal, wie gefestigt wir in uns sind, irgendwann fliegt immer ein Post an uns vorbei, der uns zumindest kurz nachdenklich stimmt. Verheerend wird es, wenn wir uns zu sehr daran aufhängen und unsere Träume, Ideen und unser Leben plötzlich stehen bleiben, weil mir der Meinung sind, dass es alles sowieso nichts bringt. Wir werden es nie schaffen so erfolgreich, so glücklich, so strahlend, so verliebt, so fit, so verheiratet, so ........................................ (trag dir hier ruhig ein eigenes Wort ein) zu sein wie die anderen.

Wenn du jetzt den Kopf schüttelst und sagst, dass dich das nicht betrifft, weil du kaum Social Media benutzt, ist das eine Fehleinschätzung. Denn auch du vergleichst dich ständig mit anderen – mit deinen Freunden, die ein Haus bauen, der Frau in der Umkleide, dem erfolgreichen Kollegen, der schon wieder eine Prämie kassiert. Das ist normal und menschlich. Natürlich gucken wir gerne über den Zaun zum Nachbarn. Warum sonst ist die Klatschpresse so interessant? Wir finden das Leben der anderen schon immer spannend – wir dürfen dabei unser eigenes aber nicht aus den Augen verlieren.

Schauen wir also mal, was wir gegen das ewige Vergleichen mit anderen tun können.

## Gegenmittel 6

### Achtsamkeit

Oft vergleichen wir uns mit anderen und merken das gar nicht wirklich. Wie ich bereits angedeutet habe, kann es sein, dass du nicht so viel auf Social Media unterwegs bist und deswegen denkst, dass dich das alles gar nicht so betrifft. Doch wie oft laufen diese Vergleiche unbewusst ab? Wie oft fühlst du dich nach Begegnungen mit bestimmten Menschen schlecht? Ich hatte mal einen Coaching-Klienten, der seinen Schwager überhaupt nicht ausstehen konnte. Nachdem ich ihn fragte, was es denn genau sei, das den Schwager so unausstehlich mache, kam heraus, dass mein Klient in Wahrheit total neidisch auf ihn war. Sein Schwager verkörperte so vieles, das er sich nicht traute, selbst zu sein. Er ging regelmäßig ins Fitness-Studio, eine Sache, die mein Klient über die Jahre vernachlässigt hatte. Der Schwager reduzierte seine Arbeitsstunden, um mehr Zeit mit seiner Familie zu verbringen, und auch das neidete mein Klient ihm. Er konnte sich einfach nicht vorstellen, weniger Geld zu verdienen, und war mit sich total unglücklich. Erst als er sich diese Dinge eingestehen konnte und ihm klar wurde, dass sein Schwager gar nicht so unausstehlich war, sondern dass er sich insgeheim immer mit ihm verglichen hatte, erkannte er seine eigenen Bedürfnisse. Er ging wieder häufiger zum Sport und vermied es, ständig Überstunden zu machen, um dadurch mehr Zeit zu Hause verbringen zu können. Er wurde glücklicher, ausgeglichener und zufriedener. Und na klar – zu seinem Schwager hatte er gleich ein viel besseres Verhältnis.

**FRAGE DICH ALSO:**

- Mit wem vergleichst du dich am häufigsten?
- In welchen Momenten vergleichst du dich?
- Wann warst du das letzte Mal auf Social Media? Welcher Post ist dir am meisten hängen geblieben?
- Auf wen bist du besonders neidisch?

Neid ist ein prima Indiz dafür, zu schauen, was in unserem Leben noch fehlt. Sobald du dich das nächste Mal dabei ertappst, neidisch zu sein, schreib dir die Situation direkt auf und überlege, wie du das, auf das du neidisch bist und nach dem du offensichtlich strebst, selbst in dein Leben bringen kannst.

Kleiner Tipp von mir: Wenn du besonders neidisch auf den Erfolg anderer bist, liegt dies meist daran, dass du dich selbst nicht genug wertschätzt und liebst. Dann leg den Fokus darauf und zelebriere die Dinge, die du an dir liebst.

## Zieh die Notbremse

Sobald du merkst, dass du dich mit anderen vergleichst und wieder dieses flaue Gefühl im Magen bekommst, mach eine Pause. Sei lieb zu dir und kritisiere dich nicht für dieses Gefühl. Wenn du kannst, nimm

dir Zeit für eine kurz geleitete Meditation. Sie wird dir helfen, dich wieder auf dich und das Hier und Jetzt zu fokussieren.

Verordne dir eine Social-Media-Pause oder gib dir klare Zeiten vor, in denen du durch das Leben anderer scrollen darfst. Am besten verhängst du dir eine Art Hausarrest und limitierst die Nutzungszeiten. Die meisten Smartphones haben mittlerweile ein Feature, dass dich ermahnt, wenn du zu viel Zeit auf Social Media verbracht hast.

## Weißt du wirklich, wie es anderen geht?

Wenn wir uns mit anderen vergleichen, verhält es sich wie mit diesen bekannten Sprichwörtern: »Auf der anderen Seite ist das Gras viel grüner.« Oder »Die Kirschen beim Nachbarn schmecken immer süßer als die im eigenen Garten.«

Aber ist das wirklich so? Kannst du dir absolut sicher sein, dass das strahlende Gesicht auf Instagram nicht eine tragische Unsicherheit verbirgt? Oder dass der Fünf-Sterne-Urlaub nicht über Klarna-Rechnung bezahlt wird – nach dem Motto, ist zwar noch nicht und vielleicht erst in Jahren per Raten bezahlt, aber Hauptsache, es sieht gut aus?

Wir verlieren uns so schnell in dem, was uns in der Außenwelt präsentiert wird, ohne dass wir dabei wirklich hinter die Kulissen schauen. Das neue Business läuft super, obwohl der Gründer die meiste Zeit im Café zu sitzen scheint. Doch was weißt du wirklich über die ganze harte Arbeit, die dahintersteckt? Die Menschen inszenieren ihr Leben auf Social Media so, wie sie es gerne darstellen wollen, ohne den Schweiß, die Tränen, die Streitereien, die im Hintergrund passieren. Denn das will ja auch keiner sehen, oder doch?

Eine Auswahl an kostenlosen geleiteten Meditationen von mir findest du hier: https://patriciafranke.com/de/deine-freebies/

Wir sind mittlerweile schon süchtig nach dieser ewig positiven Einstellung im Leben. Bloß positiv denken und immer alles positiv darstellen, als ob es keinen Raum mehr gibt für all die Sachen, die gar nicht laufen und schiefgehen. Ich denke, das liegt unter anderem auch an der starken Motivationswelle der letzten Jahrzehnte. Der Grundsatz, nach vorne zu schauen und sich auf das Positive zu fokussieren, ist gut und richtig. Dennoch dürfen wir auch die schlechten Tage nicht außer Acht lassen, denn sie gehören dazu wie die Nacht zum Tag, der Regen zum Sonnenschein, das Ying zum Yang.

Das ist es auch, was Social Media so aus der Balance werfen – der Blick richtet sich in erster Linie immer nur auf das, was richtig gut läuft, die wenigsten präsentieren, was nicht funktioniert, was traurig macht oder verunsichert.

Zum Glück gibt es mittlerweile Initiativen wie die der Wunderweib-Redaktion des Bauer Verlags, die mit Aktionen wie #wunderbarecht zu mehr Echtheit im Internet aufrufen. Unter diesem Hashtag findest du echte Geschichten mit Makeln, Schwächen, Niederlagen und vor allem sehr viel Ehrlichkeit. Den Claim der tollen Aktion findest du hier:

»Echt sein im Internet, geht das überhaupt? Echt sein in Zeiten von retuschierten Bildern und geschönten Geschichten? Wir denken ja und wollen genau diese Denke fördern. Warum? Weil sich sonst nie etwas ändert und alle weiter und weiter nach vermeintlicher Perfektion streben. Aber Perfektion macht einsam. Sie ist anstrengend und macht unglücklich – weil es sie nun einmal ausmacht, dass sie unerreichbar ist. Und was macht dieses Streben mit uns? Wir streben, ackern, neiden, stressen uns, gehen gemein mit unseren Körpern und Seelen um, weil wir alles sein wollen: nur nicht echt.«

Wenn du dich das nächste Mal mit jemandem vergleichst, stelle dir die berühmten Fragen von Byron Katie. Sie ist eine US-amerikanische Motivationsspeakerin und ich bin ein großer Fan ihrer Arbeit. Ihr Vier-Fragen-Prinzip kannst du in allen Lebensbereichen und Lebenslagen anwenden. Ich bin jedes Mal fasziniert davon, mit welcher Leichtigkeit diese vier Fragen den Kern so vieler Gedanken und Emotionen treffen.

FRAGE 1: **Ist das wirklich wahr?** Diese Frage kann dein Leben komplett verändern. Überlege dir: Ist mein Gedanke wirklich wahr? Schreibe dir deinen Gedanken auf und denk in Ruhe darüber nach.

FRAGE 2: **Kannst du dir absolut sicher sein, dass das wahr ist?** Jetzt hast du die Gelegenheit, deine Gedanken zu öffnen und tiefer in dich hineinzuhören. Geht es der anderen Person, mit der du dich vergleichst, wirklich so viel besser als dir?

FRAGE 3: **Wie reagierst du, wenn du diesen Gedanken glaubst? Was macht es mit dir?** Mit dieser Frage beginnst du zu verstehen, welches Gefühl deine Gedanken erzeugen. Bist du neidisch, traurig, eifersüchtig, ängstlich, wütend? Wie fühlst du dich in diesem Moment und wie behandelst du die andere Person, wenn du diesen Gedanken glaubst? Mach eine Liste und werde so spezifisch wie möglich.

FRAGE 4: **Wer wärst du ohne diesen Gedanken?** Überleg mal, wie du der Person gegenübertreten würdest oder wie du in einer Situation wärst, wenn du diesen Gedanken nicht hättest. Was wäre anders? Wie würde sich das anfühlen? Was würde sich friedlicher anfühlen?

ALS LETZTEN SCHRITT KEHRST DU DEINE AUSSAGEN UM. Die Umkehrungen sind eine Möglichkeit, das Gegenteil von dem zu erfahren, was du für wahr hältst. Du kannst mehrere Umkehrungen finden. Zum Beispiel kann der Wunsch »Paul sollte mich verstehen« umgekehrt werden zu:

- *Ich* sollte mich verstehen.
- *Ich* sollte *Paul* verstehen.
- Paul *sollte* mich *nicht* verstehen.

Erlaube dir, die Umkehrungen voll und ganz zu erfahren. Finde für jede Umkehrung mindestens drei konkrete, echte Beispiele aus deinem Leben, wie die Umkehrung wahr ist. Bei den Umkehrungen geht es darum, zu entkräften, was wir vorher gedacht haben. Es ist die Kernlehre von Byron Katies Arbeit, dass wir am Ende auf andere projizieren, was in uns fehlt. Mit den Umkehrungen wird es uns das bewusst.

Am Anfang mag das noch etwas verwirrend sein, weil unser Ego unbedingt recht behalten will, doch mit ein wenig Übung bewirken diese Umkehrungen, dass unsere vorher so negativen Gedanken über jemanden oder eine Situation allmählich entkräftet werden. Wir werden uns bewusst, dass wir den Fokus wieder auf uns und unser Inneres legen.

Es geht nicht darum, dich selbst anzuklagen oder Schuldgefühle zu empfinden. Es geht darum, Möglichkeiten zu entdecken, die dir Frieden bringen.

Wenn du mehr über Byron Katie und ihre Arbeit erfahren willst, dann informiere dich gerne unter www.thework.com. In meiner Liste an Buchempfehlungen findest du auch noch den ein oder anderen Titel von Byron Katie.

## Praktiziere Dankbarkeit

Wenn wir uns häufig mit anderen vergleichen, dann liegt das meist daran, dass wir unser eigenes Leben und uns nicht genug schätzen. Unsere Gesellschaft fördert diesen Gedanken, da sie uns permanent anheizt, noch mehr zu leisten, noch besser zu sein, noch höhere Ziele zu erreichen. Aber wozu eigentlich? Mache dir mal Gedanken darüber, was schon jetzt in deinem Leben ganz wunderbar läuft.

Das Thema Dankbarkeit ist mir in meinem Leben oft begegnet und es hat lange gedauert, bis der Groschen gefallen ist. Immer, wenn ich mir darüber Gedanken gemacht habe, wie gut ich es eigentlich hatte, hatte ich ein lautes: »Ja, aber …« im Kopf.

- Ja, ist schon alles ganz toll, aber es könnte noch besser sein.
- Ja, ich bin glücklich, aber wäre noch glücklicher, wenn …
- Ja, ich bin super gesund, aber könnte noch fitter sein.
- Ja, ich lebe in einem privilegierten Land, aber könnte noch besser leben.
- Ja, ich verdiene genug, aber es könnte noch mehr sein.

Vielleicht kennst du genau dieselben Sätze, Wenn dich keiner so richtig anspricht, dann fülle diesen Satz hier aus:

Ja, ich ................................................................................................

.......................................................................................................................

................., ABER ..............................................................................................

.......................................................................................................................

.......................................................................................................................

.................................................................................................

Wir Menschen leben in einem Paradoxon, da wir meist in der Vergangenheit oder in der Zukunft leben und selten im Hier und Jetzt. Unsere Gedanken verweilen im »Früher war alles besser« oder streben nach vorn in eine glorreiche Zukunft.

Aber lass dich von deinen Gedanken nicht veräppeln. Was ist denn mit Hier und Jetzt? Wir haben nur den Moment, den wir gerade leben. Der nächste mag uns schon verwehrt werden. Was ist in diesem Moment gut? Was läuft super?

Meist merken wir erst, wie gut wir es haben, wenn es uns gesundheitlich nicht gut geht oder wenn wir in ferne Länder reisen, die mit einem ganz anderen Lebensstandard zurechtkommen müssen, als wir es gewohnt sind. Ich habe während meiner Jugendzeit einige Jahre in Costa Rica verbracht. Aufgewachsen bin ich in mittelständischen Verhältnissen in Deutschland. Als politische Asylsuchende hatten meine Eltern eine sehr große Wertschätzung Deutschland gegenüber und arbeiteten stets hart dafür, dass es uns allen gut ging. Die Chance, die sich ihnen bot, nutzten sie mit voller Herzenskraft und die Dankbarkeit versuchten sie stets mit anderen zu teilen.

Mein Vater und ich fuhren oft in die Slums und verteilten dort belegte Brote und Wasser. Diese Erfahrung hat mich um ein Vielfaches reicher gemacht, denn nicht nur konnte ich ein paar Menschen eine Freude bereiten, ich wurde mir zudem bewusst, wie gut wir es selbst hatten. Sogar als ich den ersten Jahren während meiner Studentenzeit in London in mehr als bescheidenen Verhältnissen und sogar auch einmal in einem Obdachlosenheim gewohnt habe, konnte ich mich immer an die Momente in den Slums zurückerinnern. Die Armut, der Schmutz, die Krankheiten – dennoch wirkten die Menschen dort im Großen und Ganzen sehr glücklich, denn sie konnte das Wenige, das sie hatten, wirklich schätzen. Dieses Gefühl trage ich noch heute in mir und ich empfehle jedem, der sich zu sehr mit anderen vergleicht, mal in ein wirklich armes Land zu reisen oder mal in ein Hospiz zu gehen. Dort erlebt man Dankbarkeit und Demut in ihrer reinsten Form und kann sich neu auf das eigene Leben besinnen.

In der Lehre des Buddha gibt es eine Geschichte von einem Studenten, der Problem mit dem Meditieren und der eigenen Dankbarkeit hat. Er wird von Buddha auf einen Friedhof geschickt, um sich dort seiner Sterblichkeit bewusst zu werden. Jeden Tag aufs Neue betrachte er die Vergänglichkeit aller Lebewesen. Auf der Erde sitzend spürt er die zersetzten Körper unter sich und beobachtet die trauernden Familienangehörigen.

Der Student muss so lange dort bleiben, bis er versteht, dass wir nur das Hier und Jetzt haben und es keine Garantie für ein Später gibt.

Ich verlange jetzt nicht von dir, dass du jetzt sofort eine Reise nach Afrika oder Asien buchst. Vielleicht hilft dir auch ein Spaziergang über einen Friedhof oder die Erinnerung an Zeiten, die nicht so gut liefen, um dir bewusst zu machen, wie gut es dir jetzt gerade geht. Wir leben alle in einem Paradies, nur sind wir – wie das schlafende Dornröschen – meist in unserem eigenen Albtraum gefangen.

## Lass dich inspirieren, statt zu demotivieren

Wenn wir dankbar und zufrieden mit unserem Leben sind, dann sind wir viel eher bereit, anderen etwas zu gönnen, und vergleichen uns auch nicht mehr so viel.

Der indische Guru Sadhguru spricht davon, dass es unsere Pflicht ist, in unsere Freude zu treten, weil wir nur dann auch etwas an unsere Welt zurückgeben können. Ich könnte dem nicht mehr zustimmen. Wenn du dich das nächste Mal mit anderen vergleichst, frag dich, was genau dir dieses ungute Gefühl sagen will. Welches Bedürfnis in dir wurde noch nicht befriedigt? Was kannst du daraus für dich lernen? Statt danach zu schauen, was andere haben, und ihnen das zu neiden, richte den Fokus auf charakterliche Aspekte und persönliches Wachstum. Vielleicht gibt es Menschen, die du beneidest, weil sie so viel Ruhe und Gelassenheit in sich tragen. Was kannst du von ihnen lernen?

Oder wenn du beruflich weiterkommen willst: Wem möchtest du nacheifern, wer beeindruckt dich und was inspiriert dich an ihm? Schreibe dir all deine Gedanken am besten auf, so behältst du sie besser und kannst dir die Listen auch immer wieder anschauen und dich fragen, ob diese Wünsche und Bedürfnisse vielleicht schon befriedigt sind oder ob du hier noch Defizite empfindest.

Ich verwende in diesem Zusammenhang gern das Wort Inspiration. Wer inspiriert dich? Welches Handeln inspiriert dich? Versuche ab sofort, den Vergleich mit anderen in inspiriertes Handeln umzuwandeln. Anstelle von »Oh, das schaffe ich nie« tritt »Wow, wie hat er/sie das nur gemacht? Das ist ja toll! Vielleicht kann ich das auch schaffen.«. Merkst du, welche anderen Gefühle solche Formulierungen auslösen? Beeindruckend, oder?

Wenn du jetzt sagst, dass das ja alles schön und gut ist, aber schließlich doch auch leichter gesagt als getan ist, muss ich dich unterbrechen. Meinst du ernsthaft, es sei einfach, im ständigen negativen Gedankenkarussell festzuhängen, um immer dieselben deprimierenden Ergebnisse wie seit eh und je zu erzielen? Ich kann dir sagen, beides ist nicht einfach, aber für das eine lohnt sich wenigstens die Arbeit. Ich glaube auf jeden Fall aus tiefstem Herzen an dich.

## Fazit

Der Vergleich mit anderen ist wie eine Einbahnstraße, in die man mit 180 km/h falschherum reinfährt. Am Ende kann es nur einen lauten Knall geben. Wer sich stets mit anderen vergleicht, schlittert unausweichlich in den eigenen Verkehrsunfall.

Wenn wir uns bewusst machen, dass jedes Vergleichen nur daher kommt, dass wir uns selbst zu wenig schätzen, unsere eigenen Bedürfnisse zu wenig wahrnehmen und zu wenig Zeit im Hier und Jetzt verbringen, haben wir die Möglichkeit, uns neu zu programmieren. Wir schärfen unseren Blick nicht mehr dafür, was wir (noch) nicht haben, sondern dafür, wie gut es uns bereits geht. Jeder von uns ist anders und das ist gut so. Wir sollten lernen, wie die Blume einfach nur zu blühen.

Unsere Einzigartigkeit ist unsere persönliche Superpower und es obliegt uns, diese zu nutzen und zu preisen oder im ewigen Hamsterrad dem Burnout entgegenzurennen. Je mehr wir uns das bewusst machen, desto mehr können wir das Vergleichen mit anderen als unsere persönliche Inspirationsquelle nutzen. Versuch es gleich heute. Es bewirkt Wunder.

## Deine Notizen

Mit wem vergleichst du dich am häufigsten? Wann warst du das letzte Mal auf Social Media unterwegs und hast dich mit jemandem verglichen?

...........................................................................

...........................................................................

...........................................................................

Was steckt wirklich dahinter, wenn du dich vergleichst?

...........................................................................

...........................................................................

...........................................................................

Welches Bedürfnis müsstest du befriedigen, um dich mehr zu schätzen und zufriedener zu sein?

...........................................................................

...........................................................................

...........................................................................

In welchen Bereichen vergleichst du dich?

...........................................................................

...........................................................................

...........................................................................

Wofür bist du dankbar in deinem Leben?

...........................................................................

...........................................................................

...........................................................................

Was kannst du bereits heute tun, damit es dir damit besser geht?

...........................................................................

...........................................................................

...........................................................................

# RECAP Kapitel 6

- Kaum etwas raubt uns mehr Kraft als der ***konstante Vergleich mit anderen Menschen***.
- Social Media und das Internet im Allgemeinen forcieren dieses ***vergleichende Verhalten*** zusätzlich, da wir süchtig geworden sind nach dem Leben der anderen.
- Durch ständigen Internetkonsum steigt die Anzahl an Menschen, die an Burnout oder Depression erkranken.
- Im Durchschnitt verbringt ein Erwachsener ***dreieinhalb Stunden*** an seinem Handy, drei Stunden davon auf Social-Media-Kanälen.
- Die Gegenmittel dafür lauten:
  - Achtsamkeit
  - Zieh die Notbremse.
  - Weißt du wirklich, wie es anderen geht?
  - Praktiziere Dankbarkeit.
  - Lass dich inspirieren statt demotivieren.
- Unsere größte Herausforderung ist es, zu lernen, dass wir ***im Hier und Jetzt leben und den Moment genießen*** sollten, wie er gerade ist.
- Wir leben alle in einem Paradies, nur sind wir wie das schlafende Dornröschen meist in unserem eigenen Albtraum gefangen.
- Je mehr wir uns dessen bewusst werden, desto weniger werden wir uns vergleichen und stattdessen inspiriert tätig werden.
- Wenn wir zufrieden und im Reinen mit unserem Leben sind, vergleichen wir uns nicht mehr so viel mit anderen.

# Authen-tizitäts-killer 7

# In negative Gedanken verharren

## »Rette dich vor deiner persönlichen Horror-Show«

»Komm ma rein hier und mach die Augen zu!« Vielleicht hörst du diesen Satz in deinem Ohr wie die derbe Aufforderung der Koberer auf der Hamburger Reeperbahn.

Du näherst dich und betrittst einen vertrauten Saal. Hier kennst du jeden Winkel. In der Mitte des Theatersaals siehst du auch gleich deinen eigenen Patz. Du setzt dich hin und schon geht es los. Der dunkelrote Samtvorhang geht auf und du siehst die zwei Alten von der Muppet-Show, nur in deiner ganz eigenen Vorstellung. Ohne eine großartige Begrüßung geht es direkt los: Sie pöbeln in deiner Sprache, mit deinen Worten und ihre Aussagen sind nie nett. Was im Fernsehen normalerweise total lustig ist, tut hier auf einmal verdammt weh, denn ihre spitzen Pfeile sind direkt auf dich gerichtet. Manchmal wechseln sie auch ihre Gestalt und verändern sich in jemanden aus deiner Familie oder deinem Umfeld, sodass die ganze Szenerie noch realer wird. Es ist, als würden plötzlich deine Eltern oder dein Chef mit dir sprechen. Die beiden Alten kritisieren deine Wünsche und Träume aufs Übelste, flüstern dir zu, dass du nicht gut genug bist und es niemals sein wirst. Sie beschimpfen und beschämen dich.

Oft genug sitzt du in diesem vertrauten Theater, in dem die Sitze bei jeder Bewegung knarzen und du den abgelaufenen Teppich unter deinen Füßen spürst. Ganz alleine sitzt du dort, während dich die beiden Alten synchron beleidigen und systematisch kleinhalten. Und das Schlimmste an der ganzen Darbietung – du hörst ihnen auch noch aufmerksam zu und gehst mit deinem VIP-Ticket immer wieder in diese Vorstellung. Herzlich willkommen zu deiner persönlichen Horror-Show!

Die meisten von uns verbringen unglaublich viel Zeit in ihrem Kopf – wir sinnieren über die Vergangenheit und verstricken uns in die endlos »Hätte ich doch mal«-Schleife, malen uns die Zukunft ganz fürchterlich aus und legen auch sonst gerne den Fokus nur auf eines: all das Schlechte. Dieser immer wiederkehrende Ablauf lässt uns in depressive Verstimmungen bis hin zu Angstzuständen und Selbstmitleid oder totale Lustlosigkeit verfallen. Viele von uns laufen dadurch mit einer immer größer werdenden Regenwolke über ihrem Kopf durch die Welt. Manchmal reicht eine kleine Bemerkung von unseren Mitmenschen oder ein kleiner Fehler und schon beginnt die Show mit Fahnen und Trompeten:

- Ich bin nicht gut genug.
- Was bin ich nur für ein Idiot!
- Ich werde das nie schaffen.
- Die Welt da draußen mag mich nicht.
- Niemand versteht mich.
- Alles ist so furchtbar stressig.
- Nichts ist mehr sicher.
- Ich habe einfach keine Lust mehr.

Die beiden Alten lachen sich dabei ins Fäustchen, denn sie wissen, wie viel Energie und Lebensfreude diese Gedanken kosten. Sie ziehen dich immer weiter runter und können dich am Ende daran hindern, das Leben zu leben, das für dich lebenswert ist.

Für deine Kritiker sind deine Gedanken ihr ganz persönlicher Applaus und du kehrst immer wieder zurück in dein vertrautes Theater und kannst einfach nicht weghören – so, wie die meisten nicht weggucken können, wenn ein Autounfall passiert. Die gute Nachricht ist, dass wir die beiden Greise tatsächlich in den Backstage-Bereich verbannen können, hinter eine Tür, die doppelt und dreifach verriegelt ist. Das Einzige, was wir brauchen, sind ein wenig Übung und meine Lieblingstugend: Geduld.

Ich muss bei Geduld immer schmunzeln, mein Ehemann vermutlich noch mehr, denn er weiß, dass ich in der ein oder anderen Situation noch nie etwas von Geduld gehört habe. Doch sei dir sicher: Wenn ich als absolut ungeduldiger Mensch es lernen kann, meine eigene Horror-Show auf minimaler Lautstärke zu halten, dann kannst du das erst recht. Schauen wir einmal, wie das am besten geht.

# Gegenmittel 7

## Glaub nicht alles, was du denkst

Dieser Satz ist einer der Sätze, den ich auf vielen Post-ist überall da hängen hatte, wo ich ihn gut sehen kann. Eine Zeit lang klebten die Zettel wirklich überall: an meinem Badezimmerspiegel, an der Tür meines Kleiderschranks, auf der Mittelkonsole meines Autos, neben der Tachoanzeige in meinem Auto, am Kühlschrank, in meinem Portemonnaie und letztlich auch als Hintergrundbild auf meinem Smartphone. Wenn du endlich erkennst, dass deine Gedanken erlernt sind, du sie dir einredest und sie nicht immer der Realität entsprechen, öffnen sich plötzlich viele Türen. Denn nun hast du es selbst in der Hand, auf jeden Gedanken zu reagieren oder eben auch nicht. Zugegeben, das ist das nicht ganz einfach und bedarf ein wenig Übung und vor allem ... Trommelwirbel ... richtig: Geduld.

NEIN

Hier sind vier Beispiele dafür, warum unsere Gedanken oftmals gar nicht der Realität entsprechen:

- Das gute Schwarz-weiß-Denken. Es gibt einfach nichts dazwischen. Wenn du dich dabei ertappst, dass Grau in deinem Farbspektrum nicht vorkommt, dann befindest du dich bereits in der Theatervorstellung. Versuche, deinen Blickwinkel für all das zu öffnen, was links und rechts von schwarz und weiß bereitsteht. Und wenn dir das nicht gelingt, so frage eine außenstehende Person, wie sie die Situation wahrnimmt. Erzähle ihr aber nichts von deinen Gedankengängen, damit beeinflusst du sie nur und erhältst sehr wahrscheinlich die Antwort, die du selbst schon in deinem Kopf hast.
- Du nimmst alles viel zu persönlich, egal was es ist. Jemand ist heute Morgen auf dem Büroflur an dir vorbeigegangen und hat dich nicht mal angeschaut: deine Schuld! Aber: Vermutlich steckt die andere Person gerade in ihrer ganz eigenen Horror-Show und hat dich einfach gar nicht wahrgenommen. Dein Partner kommt genervt nach Hause: auch deine Schuld! Aber: Bestimmt hat es nichts damit zu tun, dass du zu spät auf die WhatsApp-Nachricht geantwortet hast, sondern eher damit, dass der Tag deines Partners einfach nicht rundlief und er gerade in seinem Theater runtergemacht wird. Der Kunde ist abgesprungen: definitiv deine Schuld! Aber halt: Wenn du nicht gerade unfair zu ihm warst, kann es tausend und einen Grund geben, warum der Kunde abgesprungen ist. Am Ende hast du eben nicht alles in der Hand. Wenn du dich das nächste Mal dabei erwischst, dass du wieder alles auf deine Kappe nimmst, halte inne und reflektiere mit allen Sinnen, ob wirklich du schuld hast. Hier helfen dir auch wieder die vier Fragen von Byron Katie.

- Der Fokus auf all das Negative. Du ziehst es vor, immer nur das Negative in allem zu sehen. Ganz ehrlich, diese Sichtweise hast du dir antrainiert. In unserer Gesellschaft zeigt sich das zum Beispiel im Sommer: Sind es endlich mal mehr als 20 Grad, kommt gleich ein »Oh, ist das warm!« Bleibt es unter 20 Grad, sagen alle: »Mann, schon wieder kein richtiger Sommer.« Stell dir mal vor, du hast 100 000 € im Lotto gewonnen und deine erste Antwort darauf ist: »Na ja, hätten ja auch 200 000 € sein können.« Du findest, ich übertreibe? Na, dann hör dir das nächste Mal ganz genau zu und du wirst sehen, dass diese negativen Gedanken häufiger in deinem Kopf rumgeistern, als du es dir eingestehst. Mein Mann und ich haben mittlerweile eine Jammerkasse in unserer Familie eingeführt. Jedes Mal, wenn jemand grundlos jammert und zu sehr auf die Negativität fokussiert ist, muss er eine Summe einzahlen. Am Ende des Jahres wird das Geld entweder gespendet oder für ein Erlebnis ausgegeben, das uns besonders Angst macht und uns aus unserer Komfortzone lockt, wie zum Beispiel Fallschirmspringen.
- Du bist die Dramaqueen oder der Dramaking schlechthin. Am liebsten würdest du dich zu den beiden Alten auf die Bühne gesellen und in allem eine Katastrophe sehen. Die lang anhaltenden Kopfschmerzen? Sind bestimmt ein Tumor! Die WhatsApp wurde zwar gelesen, aber immer noch nicht beantwortet? Ein Grund, die Beziehung zu beenden! Die Girokarte funktionierte nicht bei der Zahlung? Jemand muss dein Konto gehackt und geplündert haben.

Sobald du merkst, dass du stürmischen, norddeutschen Regen mit einem angreifenden Tsunami verwechselst, ist es Zeit, laut »STOPP!« zu rufen. Denn sonst bist du in der Katastrophenkette gefangen und gesellst dich in das Ensemble deiner persönlichen Horror-Show.

## Behandle negativen Gedanken wie jemanden, der deine Lieben beleidigt

Stell dir vor, jemand beleidigt eine Person, die du sehr liebst. Wie reagierst du dann? Hörst du einfach tatenlos zu oder mischst du dich irgendwann ein? Vermutlich wirst du das tun, was die meisten in so einer Situation tun – du schimpfst zurück wie ein Rohrspatz und verteidigst deine liebste Person. Warum also hörst du dir selbst jeden Tag bei deinem ganz eigenen Horror-Monolog zu? Das nächste Mal, wenn du dich dabei ertappst und es dir schwerfällt, das Gezeter abzuschalten, stell dir einfach vor, dein bester Freund würde so mit sich sprechen. Wie würdest du ihn trösten? Was würdest du ihm sagen? Behalt diese Worte und sag sie dir selber, so oft und so herzlich wie es nur geht.

## Reduziere negative Einflüsse in deinem Umfeld

Womit du dich jeden Tag umgibst, beeinflusst auch automatisch einen großen Teil deines Gedankenprozesses. Wenn du in erster Linie traurige Filme, Bücher etc. konsumierst, ist es nicht verwunderlich, dass sich diese Bilder immer und immer wieder in deiner Horror-Show wiederholen. Erlaube dir, dein eigener Türsteher zu sein, der abwägt, wer in deinen Kopf reindarf und wer nicht.

Stell dir folgende Fragen:

- Was sind die drei Hauptursachen für Negativität in deinem Leben? Das können erhöhter Internetkonsum sein, ein negativer Freundes- oder Bekanntenkreis, bestimmte Fernsehprogramme, Netflix, Magazine, Bücher, Musik etc.
- Was kannst du tun, um weniger Zeit mit diesen negativen Quellen zu verbringen. Heute, diese Woche, in der Zukunft? Wenn du nicht gleich Lösungen für die drei Ursachen fin-

dest, dann fang mit kleinen Schritten an und beginne mit dem, was dir als Erstes einfällt.

- Wodurch kannst du die negativen Quellen austauschen oder womit kannst du alternativ mehr Zeit verbringen, das dich positiver stimmt? Zum Beispiel Musik hören, Sport, Freunde treffen, spazieren gehen, meditieren, ein heißes Bad nehmen etc.

## Achte auf deine Ernährung

Keine Sorge, ich werde hier jetzt keine vegane Ernährungsweise propagieren oder werde von einem Lebensmittelhersteller gesponsert. Mir ist es nur wichtig, dass du die Nebenwirkungen von einigen Lebensmitteln kennst. Schlechte Stimmung und negative Gedankenspiralen können nämlich auch etwas mit deinem Kaffee-, Alkohol- oder Zuckerkonsum zu tun haben. Diese drei Lebensmittel stimulieren; gewöhnen wir uns jedoch zu sehr an sie und konsumieren sie dann nicht regelmäßig, sind Entzugserscheinungen die Folge. Alkoholkonsum schüttet Dopamin aus, das Glückshormon, das wie James Brown klingt, durch das es dir richtig gut geht. Sobald es allerdings im Körper abgebaut wird, klingt das Leben eher nach Mariah Careys »All by myself«.

Zu viel Kaffee macht hingegen nervös und ängstlich und hält die beiden Alten aus deiner persönlichen Horror-Show besonders auf Trab. Nicht nur schimpfen sie im Akkord, sie flüstern dir auch noch paranoide Gedanken in die Ohren. Wenn dem nun auch noch Zucker zugeführt wird, dann sind die beiden wie auf Crack. Dein Körperhaushalt dreht völlig durch und somit ist nachvollziehbar, dass sich deine Gedanken anfühlen wie eine tickende Zeitbombe. Daher achte auf deine Ernährung und stelle, wenn nötig, das ein oder andere um.

## Sprich mit jemandem

Wenn wir schon von Alkohol und Drogen reden. Der Grund, warum die Anonymen Alkoholiker so viel Zulauf haben, ist, weil ihnen in diesen Meetings ein sicherer Raum geboten wird, in dem jeder über seine persönliche Horror-Show sprechen kann. Wenn wir uns jemandem anvertrauen und ihm sagen, was wirklich so in unserem Kopf rumschwirrt, haben wir oft das Gefühl, dass wir belächelt oder bewertet werden. Manchmal stimmt dieser Eindruck vielleicht auch und nicht immer sind wir stark genug, dass wir über der Meinung der anderen stehen können. Anonyme Meetings sind für diese Situationen und Bedürfnisse ein wahrer Segen. Falls du noch nie bei solch einem Meeting warst, empfehle ich dir aus tiefster Überzeugung, mal zu einem zu gehen. Es muss nicht unbedingt ein Meeting für Alkoholiker oder Drogenabhängige sein, wobei diese Meetings mit die spannendsten und ehrlichsten sind, und selbst wenn man selbst nicht abhängig ist, kann man hier sehr viel für sich lernen. Abhängig zu sein ist außerdem nicht substanzgebunden, sondern hat den Ursprung in derselben Gewohnheit – nämlich unangenehme Gefühle zu verdrängen. Der eine trinkt Alkohol oder nimmt Drogen, der andere geht exzessiv shoppen oder isst emotional. Der Mechanismus ist immer der Gleiche. Der ungarische Autor und Mediziner Gabor Maté erkärt dies wunderbar einfach in seinen Büchern – mehr dazu in der Bücherliste im Anhang.

Meine erste Erfahrung mit so einem Meeting entstand durch eine Freundin aus Paris, die mir von dem Konzept der Co-Dependence/ Co-Abhängigkeit erzählte. Co-Abhängigkeit hat viel mit People Pleasing gemeinsam, doch werde ich hier nicht zu tief ausholen. Solltest du mehr darüber wissen wollen, schau gerne in meine Liste der Buchempfehlungen oder schreib mich direkt an.

Als meine Freundin mich das erste Mal zu so einem Meeting in Berlin und später auch in Paris mitnahm, war ich sehr schnell sehr tief berührt. Hier saßen völlig Fremde in einem Raum und sprachen über ihre dunkelsten Gedanken. Das Interessante daran war, dass sich alle Gedanken auf eine gewisse Art und Weise ähnelten. Ich konnte mich in fast jede Person hineinversetzen und konnte die dargestellten Situationen mit denen in meinem eigenen Kopf austauschen. Diese Erkenntnis hat einen weiteren Stein in meiner eigenen Authentizitätslawine aktiviert und mir klargemacht, dass wir alle mehr oder minder genau dieselben Kämpfe in uns kämpfen. Es liegt an uns, diese zu gewinnen und somit Frieden mit uns und der Welt zu schließen.

Wenn du merkst, dass du keine Kontrolle über deine Gedanken hast und sie dich permanent fertigmachen, dann versuche mal, dich jemand anderem zu öffnen oder zu so einem Meeting zu gehen. Der Vorteil einer Selbsthilfegruppe ist, dass hier Fremde sitzen, denen du nichts vormachen musst und die dir ganz unvoreingenommen begegnen. Zudem gilt hier die Regel, dass niemand bewertet oder unterbrochen wird. Jeder sagt einfach das, was er in dem Moment fühlt, und je mehr er das für sich klar formuliert, umso weniger Macht haben die beiden Alten auf deiner eigenen Showbühne.

Sollte dich das so gar nicht ansprechen, gibt es auch gute Coaches und Therapeuten, die dir zusätzliche Unterstützung bieten. In den USA gehen unglaublich viele Menschen zur Therapie, leider hängen wir in Deutschland etwas hinterher und viele vertreten die Meinung, dass nur jemand zum Therapeuten muss, wenn er einen an der Waffel hat. Welch Irrglaube!

## Versuche, negativ in positiv umzuwandeln

Wenn wir in unserem Negativmodus gefangen sind, vergessen wir häufig, was wirklich gut in unserem Leben ist. Hier hilft uns wieder die Dankbarkeitsübung aus dem letzten Kapitel. Versuche auch mal, deinen Fokus auf all das zu legen, was positiv an dir ist.

Damit meine ich jetzt nicht, dass wir vorgeben sollen, dass immer alles toll ist und wir alles Negative grundsätzlich verneinen. Ich bin kein Fan davon, immer alles nur schönzureden, wie es die Motivationspsychologie immer suggeriert. Damit verneinen wir einen wichtigen Teil von uns. Es gibt immer Regen und Sonnenschein, Yin und Yang, Trauer und Freude. Es kann also nicht alles immer super sein. Doch können wir kontrollieren, auf was wir den Fokus setzen.

Wenn du das nächste Mal etwas negativ bewertest, schau doch mal, ob es nicht vielleicht auch einen positiven Aspekt an der Sache gibt. Du hast den Flieger verpasst? Vielleicht kannst du in der Wartezeit einen tollen Artikel lesen, der dich bei einer Frage, die dich schon lange interessiert, weiterbringt. Du hast die Zusage für den Job nicht bekommen? Vielleicht hat es einfach nicht gepasst und hinter der nächsten Ecke wartet ein viel tollerer auf dich.

Je mehr du diesen positiven Fokus übst, desto weniger Chance hat deine Horrorshow, ein Broadway-Highlight zu werden.

## Mache ein Gedanken-Detox

Wir denken täglich um die 60 000 Gedanken – ganze 80 % davon sind bei den meisten von uns negativ. Noch ein Fakt: Es ist zu 95 % wahrscheinlich, dass wir heute dieselben Gedanken denken, die wir auch gestern hatten. Wir Menschen sind Gewohnheitstiere, und wenn wir uns dessen nicht bewusst sind, passieren uns dieselben Dinge immer und immer wieder. Wir wundern uns, warum wir immer noch unglücklich sind, warum wir immer noch nicht den richtigen Partner gefunden haben, warum wir uns immer noch nicht genug lieben und wertschätzen. Denk daran: Alles steht und fällt mit deinen Gedanken. Daher ist es so wichtig, dass wir achtsam mit ihnen umgehen,

Mit den letzten sechs Punkten habe ich dir einige Ansätze mitgegeben, wie du aus deiner eigenen Horror-Show ausbrechen kannst. Als letzten Step habe ich eine kostenlose siebentägige Mind-Detox-Challenge für dich konzipiert. Du findest sie unter: https://patriciafranke.com/de/mind-detox-challenge/. Einfach kostenlos anmelden und du erhältst sieben Tage lange täglich eine E-Mail mit verschiedenen Achtsamkeitsübungen, einer geleiteten Meditation, Atemmethoden und vielem mehr.

dass wir darauf achten, wenn die beiden Alten wieder in Rage sind und sie rechtzeitig mundtot machen.

## Fazit

Jeder von uns trägt seine persönliche Horror-Show immer bei sich. Dein Theater mag anders aussehen als meins und mit Sicherheit sind deine beiden Miesepeter auch anders als meine, aber am Ende haben wir alle eins gemeinsam: den inneren Selbstmonolog, der uns weismachen will, dass wir einfach nicht gut genug sind.

Ich habe dir auf meiner Website auch noch deine persönliche Checkliste hinterlegt, die du dir als Notfallliste ausdrucken kannst, wenn die beiden alten Miesepeter aus dem Backstage-Bereich ausbüchsen sollten. Du findest sie unter: https://patriciafranke.com/de/deine-freebies/

Eckart Tolle beschreibt dieses Phänomen sehr eindrucksvoll in seinen Büchern »Die Kraft des Jetzt« und »Eine neue Welt«. Er spricht davon, dass wir Menschen nicht etwa unsere Gedanken und die daraus resultierenden Gefühle sind, sondern eben das Bewusstsein, das diese Gedanken und Gefühle als stiller Beobachter wahrnimmt. Genau dieses Konzept wird in allen buddhistischen Lehren gelehrt und auch in der Praxis der Meditation. Ich komme zu diesem Thema noch ein wenig später in dem Kapitel »Angst vor der eigenen Stille«.

Das Buch »Die Kraft des Jetzt« habe ich vor 15 Jahren das erste Mal in den Händen gehalten und ich erinnere mich noch daran, dass ich nichts davon verstanden habe. Es war, als würde ich ein Buch mit asiatischen Schriftzeichen lesen. Nichts passte zusammen und ich gab irgendwann frustriert auf, obwohl mir das Buch wie eine Bibel angepriesen wurde. Dieses Verhalten, diese Reaktion ist nichts Ungewöhnliches in der Persönlichkeitsentwicklung. Oftmals werden wir in unserem Leben mit etwas konfrontiert, das zunächst gar keinen Sinn ergibt, nur um später herauszufinden, dass wir nur erst an einen bestimmten Punkt kommen müssen, um den Wert zu erkennen. Es ist wieder einmal Zeit für einen letzten Trommelwirbel, denn auch hier kommt die liebe Geduld ins Spiel, die für viele, mich besonders, einfach unerreichbar scheint. Mit ein wenig Geduld, Zeit und Achtsamkeit wirst du deine persönliche Horror-Show bald zu deiner Liebling-Show machen.

Diese Liste ist ein weiteres Hilfsmittel für dich, denn mit zu vielen negativen Gedanken ist nicht zu spaßen. Diese Biester verwandeln sich dann ganz schnell in negative Gefühle, die man nicht mehr loswird. Und darum geht es gleich im nächsten Kapitel.

# Notfall-Liste für deine persönliche Horror-Show

1 In einer negativen Situation: Was hilft mir gerade?

- Was ist positiv an dieser Situation?
- Was kann ich das nächste Mal anders machen?
- Was würde ich jemand anderem jetzt raten?

2 Andere Menschen sind mehr mit ihrer Horror-Show beschäftigt als mit dir.

- Die meisten haben ihre eigene Horror-Show im Kopf.
- Du bist nie lange in deren Top Charts.
- Du brauchst dir darüber keine Sorgen zu machen, was andere über dich denken.

3 Ist dein Gedanke wirklich echt?

- Kannst du dir sicher sein, dass dein Gedanke echt ist?
- Was bringt es dir, wenn du dich selbst runtermachst?
- Formuliere den Gedanken in etwas Positives und nimm ihn als Erfahrung an.

4 Löse dich von deinem negativen Umfeld.

- Welche drei Quellen der Negativität gibt es in deinem Leben? Es können Menschen, Social Media, Magazine etc. sein.
- Verbringe weniger Zeit mit diesen Quellen und mehr Zeit mit positiven Menschen und Quellen.

5 Versuche objektiv zu bleiben und lass dich nicht vom Drama verführen.

- Mach aus keiner Mücke einen Elefanten.
- Wirst du dich in fünf Jahren noch daran erinnern?
- Wird es in fünf Jahren immer noch diese Auswirkungen haben?

6 Lass deine negativen Gefühle zu.

- Gib deinem negativen Gefühl ein Gehör: „Ich sehe dich, es ist okay."
- Sprich mit jemandem darüber.
- Und dann lass diesen Gedanken wieder los.

## 7 Hol dich in die Gegenwart.

- Hol dich mit Meditation und Atemübungen in die Gegenwart.
- Konzentriere dich auf das Hier und Jetzt.
- Sammle neue Kraft und lass den negativen Gedanken dadurch verschwinden.

## 8 Mach einen Spaziergang.

- Geh raus an die frische Luft.
- Bewegung tut dir gut und sorgt für Entspannung.
- Natur resetet dich.

## 9 Lass dich nicht von deiner Angst paralysieren.

- Frag dich: Was ist das Schlimmste, das passieren könnte?
- Ist die Antwort so schlimm, dass es lebensbedrohlich wird?
- Der Perspektivenwechsel beruhigt dich.

## 10 Tu etwas Gutes für jemand anderen.

- Hilf jemandem in deinem Umfeld.
- Gib jemandem ein Kompliment.
- Schenke jemandem ein Lächeln. All das hilft dabei, dich aus deinem negativen Modus zu holen.

## 11 Praktiziere Dankbarkeit.

- Finde jeden Tag etwas, wofür du dankbar sein kannst.
- Trainiere deinen Dankbarkeitsmuskel in jedem Moment.
- Je dankbarer du bist, desto weniger Chancen haben die negativen Emotionen.

## 12 Entscheide dich für Positivität in deinem Leben.

- Glücklich sein ist oft eine Entscheidung.
- Bring mehr Freude in dein Leben, indem du jeden Tag etwas machst, das dir Spaß macht.
- Umgib dich, wann immer du kannst, mit Positivität, zum Beispiel mit Menschen, die dir gute Energie mitgeben, positiver Musik, Büchern, Filmen, Sachen, die dir Freude bringen etc.

## Deine Notizen:

In welchen Momenten bist du besonders negativ?

..........................................................................................

..........................................................................................

..........................................................................................

Schreib dir in den nächsten 14 Tagen auf, was deine persönliche Horror-Show dir genau sagt. Schau dir dann die Statements an und frag dich, ob du so mit einem geliebten Menschen sprechen würdest.

..........................................................................................

..........................................................................................

..........................................................................................

Wie kannst du das nächste Mal anders agieren, wenn du zu sehr in der negativen Spirale gefangen bist?

..........................................................................................

..........................................................................................

..........................................................................................

Welche Bereiche in deinem Umfeld beeinflussen dich negativ?

..........................................................................................

..........................................................................................

..........................................................................................

Mit wem kannst du darüber sprechen?

..........................................................................................

..........................................................................................

..........................................................................................

Was kannst du bereits heute tun, damit es dir besser geht?

..........................................................................................

..........................................................................................

..........................................................................................

# RECAP Kapitel 7

- Jeder Mensch hat seine eigene ***persönliche Horror-Show im Kopf***. Sie ist wie ein vertrautes Theater und wird regiert von den beiden Alten aus der Muppet-Show, die dich permanent verhöhnen, beleidigen, kritisieren und kleinhalten.
- Manchmal verkörpern sie bekannte Gesichter aus deiner Familie oder deinem Umfeld.
- Das Anliegen deiner Horror-Show ist es, dir zu suggerieren, dass du ***nicht gut genug*** bist. Dadurch fühlst du dich oft traurig, angegriffen, wütend, lustlos oder machtlos.
- Die Gegenmittel dafür lauten:
  - Glaub nicht alles, was du denkst,
  - Behandle deine negative Gedanken wie jemanden, der deine Lieben beleidigt.
  - Reduziere negative Einflüsse in deinem Umfeld.
  - Achte auf deine Ernährung.
  - Sprich mit jemandem darüber.
  - Aus negativ mach positiv.
  - Mache ein Gedanken-Detox.
- Wir denken jeden Tag ***60 000 Gedanken*** – 80 % davon sind negativ und die Wahrscheinlichkeit, dass sich diese Gedanken wiederholen, liegt bei 95 %.
- Eckart Tolle spricht darüber, dass wir nicht unsere Gedanken sind, sondern vielmehr das Bewusstsein, das diese wahrnehmen kann. Das ist ein Schritt in Richtung deines Friedens.
- Druck dir die ***Checkliste gegen negative Gedanken*** aus und halte sie parat, wenn deine Horror-Show zu präsent wird. Denn Gedanken werde zu Gefühlen, wenn wir sie nicht im Zaum halten.

# Authen-tizitäts-killer 8

# Gefühle unter-drücken

»Je mehr du deine Gefühle unterdrückst, umso stärker kommen sie wieder hoch. Es ist, wie wenn du versuchst, einen Wasserball im Meer zu ertränken.«

Patricia Franke

## Alles hat mit Gefühlen zu tun

Im vorherigen Abschnitt habe ich dir von unsere negativen Gedanken erzählt. Jeder Mensch hat seine eigene persönliche Horror-Show immer dabei. Sie bereitet uns nicht nur oft Kopfschmerzen, sondern hat den unschönen Nebeneffekt, dass aus diesen negativen Gedanken zwangsläufig unangenehme Gefühle werden. Wenn wir jetzt also den ganzen Tag den beiden Alten zuhören, dann ist es nicht verwunderlich, dass wir uns auch irgendwann dementsprechend fühlen.

Deine Gedanken produzieren Gefühle.

Dies ist ein kausaler, chronologischer Prozess. Du hast einen Gedanken und dein Gehirn nimmt diesen Gedanken und macht daraus ein Gefühl – eine Empfindung in deinem Körper.

Alle unsere Gefühle werden durch unsere eigenen Gedanken verursacht. Manchmal ist uns dieser Prozess bewusst. Am Sonntagnachmittag denken wir an das anstehende Meeting am Montagmorgen und schon zieht sich unser Magen zusammen. Und das obwohl wir noch gemütlich auf der Couch sitzen und gar nicht wissen, wie das Meeting wirklich ablaufen wird. Manchmal laufen diese Prozesse aber auch unbewusst ab, gerade dann, wenn wir gelernt haben, unsere Gefühle permanent zu unterdrücken. Unsere Gesellschaft sagt uns gerne, dass wir uns zusammenreißen sollen. Bloß keine Tränen oder ein Anzeichen von Schwäche zeigen. Dabei gehören negative Gefühle in unserem Leben genauso dazu wie positive Gefühle. Sie sind sogar ungemein wichtig, wenn wir beispielsweise mit Schicksalsschlägen konfrontiert werden. Wenn wir unsere Gefühle zu lange in uns festhalten, stauen sie sich an und kommen irgendwann – meist explosionsartig – an die Oberfläche. Oftmals sieht man das bei Liebesbeziehungen. Der eine Partner steckt immer alles weg, um bloß keinen Stress innerhalb der Beziehung zu produzieren. Irgendwann aber knallt es dann so richtig – meist wegen einer Lappalie. »Echt jetzt, du flippst aus, weil ich die Wäsche nicht aufgehängt habe?« Dabei geht es in diesem Fall natürlich nicht um die Wäsche, sondern um das, was vorher schon abgelaufen ist. Es geht um den nicht ausgeräumten Geschirrspüler, die kleine (sicher) unbeabsichtigte spitze Bemerkung bei einem Familientreffen und tief verwurzelt auch um mangelnden Selbstwert. Wenn wir unsere Gefühle nicht zulassen und rechtzeitig aussprechen, dann ist es nicht verwunderlich, dass irgendwann die Fetzen fliegen.

Besonders schädlich wird es, wenn wir im permanenten Autopilot-Modus unterwegs sind und gar nicht merken, wie wir uns und anderen schaden. Wir meinen, die Essstörung resultiert einfach daraus, weil man sich gerade zu dick fühlt und dass sie nichts damit zu tun hat, dass wir nie gelernt haben, unsere Gefühle zu akzeptieren. Ich spreche aus Erfahrung, ich selbst habe jahrelang an Bulimie gelitten. Erst als ich begriff, dass diese Krankheit mit meinen unterdrückten Gefühlen zu tun hatte, konnte ich gesund werden. Die

Krankheit hatte nie etwas damit zu tun, ob ich nun in die »richtige« Kleidergröße passe oder nicht. Ich konnte einfach sehr lange nicht zu meinen Gefühlen stehen, egal ob Wut oder Trauer. Alles musste nach außen immer gut aussehen. Die Bulimie war nur ein Ausdruck des sprichwörtlichen »Herauskotzens« meiner unterdrückten Gefühle.

Du siehst, es ist unglaublich wichtig, dass wir lernen, auf unsere Gedanken aufzupassen, sie mit weniger Wichtigkeit zu beobachten und konkret zu steuern. Zusätzlich ist es wichtig, dass wir darauf achten, was wir denken, um unbewusste Prozesse an die Oberfläche zu holen. Denn nur wenn deine Gedanken für dich sichtbarer werden, kannst du dir genau anschauen, ob du sie glauben willst und Stück für Stück verändern möchtest solange sie nur in unserem Unterbewusstsein schlummern, läuft alles automatisch ab und wir haben das Gefühl, gar keine richtige Kontrolle über unser Leben zu haben. Noch viel schlimmer, wir fühlen uns unseren Gedanken ausgeliefert und haben nicht die Chance, etwas in unserem Leben zu ändern.

Als ich erkannte, dass Gefühle durch Gedanken entstehen, wurde mir klar, dass ich meine Gefühle ändern kann, indem ich meine Gedanken ändere.

Gefühle an sich können wir nicht ändern. Sobald sie sich einmal als Empfindung im Körper bemerkbar machen, sind sie da. Wir können sie aber mit einem Gedanken beeinflussen und das sogar, während wir das Gefühl fühlen. Ist das nicht unglaublich? Wenn wir das verinnerlichen, lüften wir ein großes Geheimnis unseres Lebens: Alles, was wir in unserem Leben machen, ist immer mit dem daraus entstehenden Gefühl verknüpft.

Meist wollen wir uns gut fühlen und rennen deswegen dem vermeintlichen Erfolg hinterher, der unser Leben so viel besser machen wird. Anderes Beispiel: Wir machen viele Dinge erst gar nicht, weil sie in uns das Gefühl der Angst auslösen. Vor der Sache an sich haben wir aber gar keine Angst.

Ergibt das Sinn für dich?

Ich wiederhole es gerne noch einmal etwas plakativer: Du willst unbedingt verliebt sein, weil du dich dann besser fühlen wirst und nicht so einsam bist. Du willst unbedingt die Millionen auf dem Konto, weil du erst dann das Gefühl hast, finanziell abgesichert zu sein. Du willst unbedingt den ersten Platz beim Marathon laufen, weil du dich dann wertgeschätzt fühlst.

Alles, was du im Leben willst, willst du nur wegen eines Gefühls, von dem du ausgehst, dass es sich danach einstellt.

Wenn wir uns dieses Konzept klarmachen – das mag nicht gleich von heute auf morgen gelingen –, dann haben wir einen ersten großen Schritt in Richtung persönliche Freiheit und Authentizität getan. In dem Moment, in dem wir verstehen, dass es meist gar nicht darum geht, was kommt oder eben nicht kommt, sondern nur darum, welches Gefühl das in uns auslöst, haben wir auf einmal eine ganz neue Form der Kontrolle über unser Leben.

Unsere Gefühle entstehen durch unsere Gedanken und wir können lernen, diese zu beobachten und zu filtern. Je mehr wir das tun und je mehr wir sie willkommen heißen, desto eher haben wir einen Einfluss auf unsere Gefühlswelt.

Das heißt natürlich nicht, dass wir jetzt nie wieder traurig, wütend oder ängstlich sein dürfen. Doch wir müssen versuchen zu lernen, diese Gefühle zu akzeptieren, und nicht dauernd versuchen, sie zu unterdrücken, nur weil sie unbequem sind. Das Einzige, was wir damit erreichen, ist, dass sie mit doppelter Kraft nach oben kommen, so wie ein aufgepumpter Wasserball im Meer. Neben den seelischen Auswirkungen kommen auch unter Umständen dann physische Folgen hinzu, die ich dir im Folgenden kurz aufliste.

## Schlafprobleme

Wenn wir dauerhaft unsere Gefühle unterdrücken, entwickeln wir Schlafstörungen, die bis zu einer Insomnie führen können. In uns brodelt es weiter. Das nicht gehörte Gefühl versucht, sich bemerkbar zu machen, und raubt uns damit den Schlaf. Die Folgen von Schlafmangel sind verheerend. Wir leiden unter Konzentrationsschwäche, was zu Fehlern bei der Arbeit, im Straßenverkehr und bei einfachen Bewegungsabläufen führen kann. Leiden wir verlängert an schlechtem Schlaf, hat dies Konsequenzen auf unsere gesamte physische und psychische Gesundheit.

## Vergesslichkeit

Emotionen, die mit einem Event verknüpft sind, lassen uns die Situation viel leichter erinnern. Wenn wir unsere Emotionen aber ständig unterdrücken, dann legt unser Gehirn die damit verbundene Situation irgendwann in die Ablage »Ich will mich nicht mehr daran erinnern, damals war ich so traurig«. Somit können wir uns an bestimmte Dinge, Handlungen und Situationen einfach nicht mehr richtig erinnern.

## Mentale Müdigkeit

Dein Gehirn versucht, sich nicht mehr an die Situation zu erinnern, dessen Emotion du krampfhaft versuchst zu unterdrücken. Nun ist es doppelt überfordert, denn jetzt möchte dein Gehirn sich ständig daran erinnern, dass du eine gewisse Erinnerung, die mit dem unangenehmen Gefühl verbunden ist, vergessen willst.

## Bluthochdruck

An der Stanford-Universität wurde herausgefunden, dass sich unterdrückte Emotionen auf unser kardiovaskuläres System auswirken. Wir fühlen uns innerlich oft unbewusst gestresst, da wir unsere Emotionen festhalten und nicht richtig verarbeiten – das Resultat sind schnellerer Pulsschlag, hoher Blutdruck und erhöhte Atemtätigkeit. Und all das nur, weil wir so große Angst vor unserem Gefühl haben.

## Gewichtzu- oder -abnahme

Die Ursache von Gewichtsproblemen hat oftmals mit unverarbeiteten Gefühlen zu tun. Statt dass wir unsere Wut rauslassen, stopfen wir uns mit Essen voll, damit wir uns wieder besser fühlen. Wie oft greifen wir in traurigen Phasen nach etwas Süßem, Milchhaltigem oder etwas, das diese beiden Dinge miteinander vereint? Diese Zusammensetzung erinnert uns an die Muttermilch und löst das Gefühl von Sicherheit und Geborgenheit aus. Und für einen kurzen Moment geht es und mit all dem Essen auch besser. Nur beginnt dann oft ein Teufelskreis. Wir greifen in unangenehmen Situationen zu Essen und fühlen uns danach schlecht, weil wir über die Stränge geschlagen haben. Wir nehmen zu und fühlen uns unwohl, wir fühlen uns schuldig, weil wir uns selbst nicht im Griff haben. Ein schlimmer Teufelskreis, der nur dann unterbrochen werden kann, wenn wir herausfinden, was unsere emotionalen Trigger sind und wie wir unsere Gedanken besser im Zaum halten können.

## Exzessives Shopping

Wir alle kennen die Floskel: Eine Frau kann nie genug Schuhe im Schrank haben. Und was machen viele, wenn es ihnen nicht gut geht? Sie gehen shoppen. Ähnlich wie beim Essen hofft man auf ein schnelles Glückgefühl, um die negativen Gefühle zu unterdrücken. Wenn dann allerdings die Kreditkartenrechnung kommt, ist der Höhenflug auch schnell vorbei.

## Alkohol- und Drogensucht

Mittlerweile gibt es immer mehr Studien, die belegen, dass eine Alkohol- und Drogensucht oft wegen unterdrückter Gefühle entsteht. Wir haben nicht gelernt, wie wir mit der schwarzen Wolke, die über unserem Kopf kreist, umgehen sollen, und greifen zu stimulierenden Mitteln, die schnell wieder die Sonne aufgehen lassen. Der ungarische Mediziner Dr. Gabor Maté hat viel dazu geforscht und in seinen Büchern spricht er über den Zusammenhang von emotionaler Gesundheit und den direkten Auswirkungen auf die physische Gesundheit. Wer sich hierzu informieren möchte, kann sich meine Buchempfehlungsliste am Ende des Buches anschauen.

## Magenprobleme

Verstopfung, Durchfall, Sodbrennen und auch Magengeschwüre – all das kann ausgelöst werden, wenn wir unsere Gefühle ständig unterdrücken. Unser Körper reagiert auf weggeschobene Gefühle wie auf Stress. Meist nehmen wir das leider erst recht spät wahr und auch ernst.

## Zähneknirschen

Wenn wir wütend sind und unsere Gefühle unterdrücken wollen, knirschen wir meist mit den Zähnen. Wir kennen Szenen aus Gangsterfilmen, in denen jemand erniedrigt wird. Der Blick wird starr und die Zähne knirschen aus Frust, Angst und vor Wut. Wenn wir nachts die Zähne knirschen, wird uns meist eine Zahnschiene verschrieben, doch selten wird nach der Ursache geforscht. Auch in diesem Fall hat man es oft mit unterdrückten Gefühlen zu tun, die im Schlaf hervorkommen und »aufgearbeitet« werden.

## Exzessives Fernsehen und Computerspielen

Ein Fernsehmarathon ist durchaus in Ordnung, solange wir ihn nicht dafür verwenden, um uns von unseren negativen Gefühlen abzulenken. Wenn wir allerdings sofort den Fernseher oder Computer anmachen, um uns dort in Fantasiewelten zu verlieren, um uns nicht mit uns zu beschäftigen, dann ist Vorsicht geboten. Verbringen wir zu viel Zeit in diesen ablenkenden Welten, können wir uns schnell in ihnen verlieren.

## Verspannungen

Wenn wir nie gelernt haben, unsere Gefühle zu verarbeiten, dann setzen sie sich meist irgendwo im Körper fest. Gerade wenn wir häufig an Rückenschmerzen leiden und es hierfür keine klassische physische Ursache gibt, haben die Schmerzen meist mit tief sitzenden Emotionen zu tun. Bevor wir also das nächste Mal zur Schmerztablette oder zur OP greifen, ist es sinnvoll, unseren Körper genauer anzuschauen. Helfen kann hier ein Osteopath oder eine gezielte Massage, die steckengebliebene Emotionen durch gezielte Bewegungen freisetzen kann.

Das war nur eine knappe Auflistung der vielen Konsequenzen, die unterdrückte Gefühle haben können. Dr. Gabor Matés Buch »When the body says No« gibt einen viel umfangreicheren Einblick darüber, wie schwerwiegend die Folgen sein können. Auch Depression, Burnout, Ängstlichkeit, Panikattacken, Diabetes, Krebs, Autoimmunerkrankungen und Erkrankungen des Nervensystems können oftmals auf weggeschobene Gefühle zurückgeführt werden.

Mittlerweile erkennt glücklicherweise auch die westliche Medizin, dass es nicht nur darum geht, die Symptome zu lindern, sondern dass es wichtig ist, die Ursache von Schmerzen und Erkrankungen zu finden. Die Medizin östlicher Länder hat das schon vor Jahrhunderten begriffen.

Vor einigen Jahren machte ich ein Ayurveda-Retreat auf Sri Lanka, da ich unter einem schrecklichen Tinnitus litt. In Deutschland sagte man mir, dass dieser schon zu weit fortgeschritten sei und man nichts mehr machen könne. Das wollte ich so nicht akzeptieren, schließlich war ich noch zu jung, um ständig mit einem Piepen im Ohr rumzulaufen. Manchmal wurde das Geräusch in meinem Ohr so schlimm, dass ich während des Autofahrens rechts ranfahren musste. Das war einfach zu viel. Ich flog also nach Sri Lanka und nach zwei Wochen war ich das Dauerpiepen los. Wie das möglich war? Ganz einfach, nicht nur wurde ich täglich mit einem Kräuterdampf aus einer Art Gartenschlauch, den man sicherlich nicht bei OBI kaufen konnte, benetzt, sondern ich lernte, meinen Gefühlen mehr Beachtung zu schenken. Schon im ersten Vorgespräch mit einem der Ärzte vor Ort wurde meine gesamte Gesundheitshistorie erfragt und aufgeschrieben. Natürlich sprach ich auch über meine frühere Essstörung Bulimie. Der Arzt befragte mich dazu, wie ich mit dieser Krankheit und meinen Gefühlen mittlerweile umging, und gab mir viele Tipps, wie ich mehr mit mir und meinem Körper in Kontakt treten konnte. Anfangs waren mir die Gespräche mit ihm noch etwas unangenehm, denn wer spricht schon gerne über seine Schattenseiten, doch am Ende meiner Zeit im Ayurveda-Retreat habe ich gerade diese Gespräche sehr genossen, denn durch sie habe ich am meisten gelernt. Ich muss dazu sagen, dass ich seit meiner Zeit auf Sri Lanka nie wieder rechts ranfahren musste, zumindest nicht deshalb, weil das Piepen in meinem Ohr unerträglich war. Diese Erfahrung ist mittlerweile fünf Jahre her, und sobald ich auch nur das kleinste Fiepen in einem meiner Ohren höre, weiß ich sofort, was zu tun ist und wie ich es loswerde.

# Gegenmittel 8

## Achte auf deine Atmung

Ich gebe zu, ich war nie sonderlich begeistert von Yoga oder Meditation. Sportlich zog es mich eher an die Pole-Dance-Stange und meine Art des Meditierens liegt im Putzen oder im Singen alter Soul-Klassiker. Das hatte (und hat es bis heute) immer etwas Meditatives für mich. Zu Yoga-Atemübungen habe ich erst gefunden, als ich in Sri Lanka war und in einer einfachen Hütte mit einem Bastdach aufmerksam dem Doktor zuhörte. »Stresskrankheiten sind typisch für die Westeuropäer. Nicht, weil ihr so viel mehr Arbeit habt, sondern weil ihr einfach eure Körper nicht kennt und schätzt.« Er erklärte mir, dass mein Tinnitus daher kam, dass sich gewisse Nerven in meinem System regelmäßig anspannten, woraus sich schließlich dieses grässliche Piepen entwickelte. Der Arzt wollte genau wissen, wann dieses Symptom aufkam und wie ich damit umging. Tja, gute Frage – ich fuhr immer rechts ran und betete, dass es schnell aufhörte. Wenn Paracetamol gegen meinen Tinnitus geholfen hätte, gestehe ich zu meiner Schande, hätte ich auch die Tabletten genommen.

Doch statt einer Tablette gab mir Dr. Raj folgende Atemübung mit: Atme tief durch die Nase. Halte den Atem fünf bis sieben Sekunden und atme dann durch den Mund aus. Dies sollte ich so oft wiederholen, bis ich innerlich ruhiger wurde. Diese Atemübung ist so herrlich einfach und funktioniert selbst bei unruhigen Menschen wie mir wunderbar. Ich übe sie mit allen meinen Coaching-Klienten und die Resultate sind jedes Mal beeindruckend.

Du findest diese Übung auch bei der Mind-Detox-Challenge unter: https://patriciafranke.com/de/mind-detox-challenge/

Als nächste Übung empfahl er mir die Purna-Atmung. Sie wird im Yoga auch als vollständige Atmung bezeichnet, da Purna im Sanskrit »Fülle« bedeutet. Bei der Purna-Atmung werden insgesamt drei Atemräume miteinander verbunden. Erfreulicherweise war mein srilankischer Arzt kein Anhänger des Lotussitzes, den ich nämlich nicht beherrsche. Er ermutigte mich stattdessen, diese Übung in jeder Position auszuprobieren, egal ob im Sitzen, Stehen oder Liegen. Letztlich geht es nur darum, Körper und Geist zu entspannen. Selbst wenn du also kein Fan des Schneidersitzes bist, ist das keine Ausrede, die Übung nicht auszuführen.

- Lege für die Purna-Atmung zuerst die Hände auf deinen Bauch und spüre, wie sich die Bauchdecke hebt und senkt. Nimm ein paar tiefe Atemzüge.
- Nun lege die Hände rechts und links auf die Rippen deines Brustkorbs, sodass deine Daumen nach innen zeigen. Spüre die Ausdehnung deines Brustkorbs bei jedem Atemzug.
- Zuletzt lege die Hände auf die Lungenspitzen in Höhe der oberen Rippen und unterhalb der Schlüsselbeine. Spüre, wie sich dein oberer Brustkorb ein wenig anhebt.
- Beobachte deinen Atem an diesen drei Stellen für sechs bis zehn Atemzüge und spüre genau hin, was in deinem Körper passiert.

Sadhguru, der indische spirituelle Meister, sagt, dass wir Menschen in einem Paradies leben, es nur nicht merken. Damit hat er völlig recht. Unser Körper ist ein Wunderwerk und mit so einfachen Übungen, wie der korrekten Atmung, können wir so viel erreichen.

## Identifiziere eine Emotion nach der anderen

Wenn wir uns schlecht fühlen, dann haben wir oft den Eindruck, dass alles auf einmal kommt. Läuft die eine Sache nicht, geht alles schief. Doch was fühlen wir genau? Mache eine (oder beide) der oben beschriebenen Atemübungen und identifiziere, was genau gerade passiert. Fühlst du dich wütend? Traurig? Gereizt? Okay, kein Problem. Nun lass diese Emotionen einfach zu, indem du innehältst und kurz alles stehen und liegen lässt. Mir hilft es immer besonders, wenn ich in einen Spiegel schaue und mir erlaube, dieses Gefühl einfach willkommen zu heißen. Dieses Zulassen bewirkt, dass sich das Gefühl weniger intensiv anfühlt. Das emotionale Zentrum in deinem Gehirn, Amygdala genannt, verheddert sich in einem irrationalen Gedankenprozess, wenn du deine Gefühle runterschluckst, und das verstärkt deren Intensität nur noch. Es ist wie der unter Wasser gedrückte Ball, der aufgepumpt, wie er ist, gar nicht anders kann, als nach oben zu schießen. Wenn du dem Gefühl einfach in die Augen blickst, indem du sagst: »Okay, ich fühle mich gerade sehr traurig«, dann beginnt dein Gehirn, nach einer Lösung zu suchen, und du fühlst dich mit der Zeit besser.

Kinder machen das automatisch. Beobachte mal ein Kind, wie es von einer Sekunde auf die andere anfängt zu weinen und sich danach beruhigt, als sei nie etwas gewesen. Wir alle sind mit dieser Gabe geboren, wir verlieren sie nur im Laufe des Erwachsenwerdens, da uns ständig eingebläut wird, dass wir uns zusammenreißen sollen.

Wenn es dir das nächste Mal nicht so gut geht, heiße das Gefühl einfach willkommen und nimm es ganz wahr. Mit ein wenig Übung und auch Geduld wirst du merken, dass seine Intensität nachlässt und du viel besser damit klarkommst.

## Hab Mitgefühl mit dir

Wir alle haben Emotionen. Manche sind positiv und manche sind negativ. Versuche, dich nicht zu stark zu bewerten, wenn die Gewitterwolken in deinem Herzen aufziehen. Fokussiere dich auf deine Gedanken und darauf, dass alles immer in Balance ist. Und zu dieser Balance gehören schlechte Gefühle genauso wie die schönen. Ohne negative Gefühle geht es nicht, doch wir können lernen, uns zu akzeptieren und auch die negativen Emotionen willkommen zu heißen und nicht auszuschließen. Wenn wir frustriert sind, weil uns etwas nicht gelungen ist, dann ist es völlig okay, sich temporär nicht gut zu fühlen. Doch sei rücksichtsvoll mit dir, wenn du merkst, dass du dich wieder zu sehr kritisierst. Zu viel Selbstkritik erhöht unser Stresslevel im Körper und das Stresshormon Cortisol wird ausgeschüttet. Das wiederum fordert nur noch mehr Angst und negatives Denken ein – ein Teufelskreis.

In meinem Podcast »Kick-Ass Living« habe ich zu diesem Thema ein inspirierendes Interview mit David Manning von »Emotional Releases« (www.emotionalreleases.com) geführt. Folge #028 – Emotionale Blockade auflösen; auf iTunes, Spotify, Upspeak, Audio Now und allen Podcast-Apps.

## Löse dich von festgesetzten Emotionen

Wenn wir wahre Meister darin sind, unsere Gefühle zu verneinen und permanent zu unterdrücken, dann setzen sie sich zwangsläufig irgendwo in unserem Körper fest. David Manning aus Hamburg hat eine unglaubliche Massagetechnik entwickelt, die gezielt auf die einzelnen Emotionen wirkt. Diese Technik ist bereits aus der der fernöstlichen Medizin bekannt und bekommt nun auch bei uns immer mehr Anerkennung. Eine Beschreibung, die David mir in einem Gespräch gab, habe ich bis heute im Kopf: Tiere schütteln sich, um Stress loszuwerden. Tatsächlich sehe ich das ständig bei meinem Hund »Jacek«, der sich nach jedem Streit mit einem anderen Hund erst einmal schüttelt. Tiere lösen ihre Emotionen sofort auf, damit diese sich erst gar nicht festsetzen können. Bei uns Menschen klappt dies durch eine Massage, durch Sport oder durch regelmäßiges Meditieren.

# Fazit

Wenn wir beginnen, unsere Gefühle zu ehren und zu akzeptieren, dann verlieren sie ganz schnell ihre Macht über uns. Sobald wir verstehen, dass unsere Gefühle aus unseren Gedanken entstehen, haben wir die Chance, hier langfristig einzugreifen und unsere Gefühlswelt zu verändern. Diese neuen Verhaltensweisen geschehen nicht über Nacht, wenn wir aber achtsam und mitfühlend mit uns umgehen, werden wir schon sehr schnell eine Änderung in unserem Leben feststellen.

Dr. Kristin Neff ist eine der führenden Wissenschaftlerinnen auf dem Gebiet des »Selbstmitgefühls«. In ihrem Buch »Selbstmitgefühl: Wie wir uns mit unseren Schwächen versöhnen und uns selbst der beste Freund werden« schreibt sie eindrucksvoll, wie Mitgefühl gegenüber uns selbst hilft, stressresistenter zu werden. Wenn wir achtsam und liebevoll mit uns umgehen, wird Oxytocin in unserem Körper ausgeschüttet. Oxytocin verringert den Bluthochdruck und den Kortisolspiegel. Somit werden für uns negativ empfundene Gefühle weniger dramatisch. Wenn wir lernen, mehr auf uns und unseren Körper zu achten, gelangen wir so zu mehr Kontrolle über den Einfluss von negativen Emotionen. Oft reicht schon eine kurze angeleitete Meditation von drei bis fünf Minuten, um uns zu entspannen und unsere Gefühle einfach willkommen zu heißen.

Unter https://patriciafranke.com/de/deine-freebies/ findest du eine kleine Meditation, die dir dabei hilft.

Je häufiger du dir Zeit und Raum einräumst, mit kurzen Meditationen zu entspannen, desto achtsamer wirst du. Das wird dir helfen, deine Emotionen besser zu verstehen und dich weniger stressen zu lassen.

## Deine Notizen

Wie reagierst du auf unangenehme Gefühle?

..........................................................................................

..........................................................................................

..........................................................................................

Was waren deine Gedanken vor dem Gefühl?

..........................................................................................

..........................................................................................

..........................................................................................

Wie sehr bewertest du dein Gefühl?

..........................................................................................

..........................................................................................

..........................................................................................

Wie kannst du dein Gefühl besser für dich annehmen?

..........................................................................................

..........................................................................................

..........................................................................................

Welche körperlichen Beschwerden hast du in Verbindung mit deinen Gefühlen?

..........................................................................................

..........................................................................................

..........................................................................................

Was kannst du bereits heute tun, damit es dir besser geht?

..........................................................................................

..........................................................................................

..........................................................................................

# RECAP Kapitel 8

- Je mehr du deine Gefühle unterdrückst, desto stärker kommen sie wieder hoch. Es ist, wie wenn du versuchst, einen Wasserball im Meer zu ertränken.
- ***Deine Gedanken produzieren deine Gefühle.***
- Es ist wichtig, dass wir unsere Gedanken beobachten, um mehr Kontrolle über unsere Gefühle zu erlangen.
- Vieles läuft in unserem Unterbewusstsein ab und nur durch das Beobachten unserer Gedanken fühlen wir uns nicht mehr so ausgeliefert und können gezielt eingreifen.
- Gefühle an sich können wir nicht ändern. Wenn sie einmal da sind, können wir sie nur empfangen und mit einem ***Gedanken gegensteuern, um ein neues positiveres Gefühl auszulösen.***
- Wir handeln, weil wir auf ein bestimmtes Gefühl hinarbeiten oder uns davor fürchten.
- Wenn unser Selbstwertgefühl niedrig ist, suchen wir in unseren Erfolgen das Gefühl der Wertschätzung.
- Wenn wir vor etwas Angst haben, dann ist es meist das negative Gefühl, das wir fürchten, statt die Sache selbst.
- ***Unangenehme Gefühle gehören zu unserem Leben*** dazu, und je mehr wir sie willkommen heißen, umso weniger Kraft haben sie.
- Unterdrückte Gefühle wirken sich vor allem körperlich durch jegliche Form von Stress oder Abhängigkeit aus.
- Wir können unsere Gefühle besser zulassen, wenn wir ***auf unsere Atmung achten.***
- ***Praktiziere Selbstmitgefühl*** mit dir selbst und versuche, dich nicht ständig unter Druck zu setzen.

# Authen-tizitäts-killer 9

# Immer stark sein wollen

**»Verletzlichkeit klingt wie Wahrheit und fühlt sich an wie Mut. Wahrheit und Mut sind nicht immer bequem, aber sie sind nie Schwäche.«**

**Brené Brown**

Ohja, endlich kommen wir zu unserem Star-Gast dieses Buches, gekleidet in einen goldenen Pailletten-Frack. Lasst uns alle aufstehen und zum Trommelwirbel klatschen, denn hier kommt sie schon: die Verletzlichkeit!

Sie ist es, die uns gleichzeitig Freude und Angst bereitet. Sie ist es, die uns Scham spüren lässt, da wir uns durch sie nackt fühlen. Sie ist es, vor der wir uns so fürchten und die wir bei anderen so bewundern. Verletzlichkeit war und ist auch meine ständige Hassliebe, denn mit ihr wurden wir geboren und irgendwann haben wir sie aberzogen bekommen.

»Reiß dich zusammen!« »Sei du selbst! Aber doch bitte nicht so!«

Doch nur mit ihr sind wir wirklich authentisch und nur mit ihr zusammen erleben wir unser bestes Leben. Denn das Beste an uns Menschen ist unsere Fähigkeit, sich mit anderen zu verbinden und wertschätzende Beziehungen aufzubauen. Dieser Wunsch der Zugehörigkeit ist tief in uns verankert. Wir leben in Familien, Beziehungen, Städten, Dörfern, Gemeinden, arbeiten in Gruppen, treffen uns mit Freunden. Dieses Verlangen, mit anderen Menschen Zeit zu verbringen und eine Verbindung herzustellen, ist es, was wir alle gemeinsam haben. Ob wir einen Fremden im Bus anlächeln oder der Kassiererin im Supermarkt noch einen schönen Tag wünschen. Jede noch so kleine freundliche, menschliche Interaktion fühlt sich gut an und lässt uns oft Gänsehautmomente erleben, wenn wir sie zulassen. Häufig erleben wir das bei Musikkonzerten oder im Fußballstadion, wenn sich alle für dieselbe Sache begeistern können. Dann wird gelacht, zusammen geweint und gefeiert. Das sind die Momente, an die wir uns am längsten erinnern und die wir in unserem Herzen tragen.

Während meiner Zeit im Vertrieb begann ich irgendwann, Verkaufspsychologie zu studieren. Ich las mich durch Dutzende Bücher, besuchte die verschiedensten Verkaufsseminare, beobachte unterschiedliche Verkäufer in ihrem Element und zwei wichtige Faktoren: Manipulation und echte Verbindung.

Während die eine Gruppe gezielt mit der Verknappungsstrategie unterm Arm in ein Verkaufsgespräch stiefelte, war die andere Gruppe einfach wirklich an dem Gesprächspartner interessiert. Beide waren auf ihre Weise erfolgreich und erreichten ihr Ziel. Doch gab es nur bei der einen Gruppe auffällig viel Folgeaufträge und das war die, die präsent im Gespräch mit dem Kunden war.

Nun ist das vermutlich nicht wirklich etwas Neues für dich und ich gebe auch nicht vor, das Rad hier neu erfunden zu haben. Ich möchte aber, dass wir unseren Fokus mehr auf diese Verbindungen legen, egal ob beruflich oder privat.

Wir leben in den sichersten Zeiten der Menschheitsgeschichte, haben größtenteils mehr als ausreichend Komfort, medizinische Unterstützung und überfüllte Supermarktregale und dennoch erfahren wir eine Epidemie der Einsamkeit. Die Großstädte verwandeln sich täglich mehr in Single-Hochburgen, die Scheidungsraten sind erschreckend hoch und die Depression- und Burnout-Raten steigen unaufhörlich. Was ist bloß los?

Hier möchte ich unseren ganz besonderen Gast im goldenen Pailletten-Frack endlich auf die Bühne holen. Trommelwirbel, Vorhang auf! Darf ich vorstellen: die Verletzlichkeit! Sie ist der Schlüssel zu tieferen Beziehungen und wird gleichzeitig so gefürchtet. Nun kommen wir auch endlich zu meinem Lieblingsmotiv: der Nacktheit.

Genauso fühlt sich Verletzlichkeit oft an und genau darum fällt es den meisten von uns auch so schwer, sich wirklich authentisch zu zeigen. Denn das bedeutet, wirklich alle Hüllen fallen zu lassen und sich so zu zeigen, wie man ist, mit allen Stärken wie Schwächen.

Leider haben wir uns Verletzlichkeit systematisch abtrainiert, indem wir sie in die Kategorie der Schwäche einsortiert haben. Wir sind tougher geworden, immer mit dem Ziel, uns schützen zu wollen. Doch wovor eigentlich? Vor der vermeintlichen Meinung anderer? Aber was ist der Preis dafür?

Wir schotten uns absichtlich ab, um bloß nicht zu viel unretuschierte, nackte Haut zu zeigen, und verschließen dadurch die Tür zu Liebe, Intimität und Bindung zu anderen. Ohne Verletzlichkeit werden Beziehungen nur an der Oberfläche geführt. Zu tiefen, intimen Beziehungen gehört neben all dem Lockerleichten vor allem: »Hey, ich bin's – mit all meinen Ecken und Kanten, meinen Ängsten, meinen Geheimnissen, meiner Zuneigung, meinen Schwächen. Bitte sei vorsichtig mit mir und bitte, bitte bewerte mich nicht!« Und zurück kommt im besten Fall: »Hey, ich sehe dich. Kein Problem. Du bist für mich so wertvoll und perfekt, wie du jetzt bist. Und du bist bei mir sicher, denn ich bin genauso nackt wie du.« Diese Art der Beziehung verbindet, baut Vertrauen und ein Gefühl der Zusammengehörigkeit auf. Keine Beziehung kann ohne Verletzlichkeit innig werden.

Verletzlichkeit heißt, sich neuen Erfahrungen, Menschen und vor allem der Ungewissheit zu öffnen. Das ist oft beängstigend, aber immer mutig. Manchmal werden wir auch verletzt, doch das gehört dazu beim Menschsein. Zum Sonnenschein gehört immer auch Regen, damit ein Regenbogen entstehen kann. Doch wir haben immer die

Chance, aus unseren Erfahrungen zu lernen und sie nicht zu stark zu bewerten. Wenn eine Beziehung nicht funktioniert hat, dann lag es vermutlich einfach daran, dass zwei Menschen nicht zusammengepasst haben oder sich auseinandergelebt haben. Das tut verdammt weh – ja, und kann auch der Grund dafür sein, dass wir uns zeitweilig wieder der Welt verschließen. Doch können wir so eine Situation auch immer als eine Richtungsänderung sehen und als die Chance, noch einmal von vorne anzufangen. Wenn wir Verletzlichkeit ausschließen, weil wir Angst davor haben, noch einmal verletzt zu werden, dann schützen wir uns vor erneutem Schmerz, aber vor allem verschließen wir uns von Freude, Intimität, Verbindung und tiefem Glück.

Ich habe in meiner bisherigen Arbeit als Coach festgestellt, dass die Menschen, denen es leichtfällt, sich verletzlich zu zeigen, dies meist in ihrer Familie gelernt haben. Dort wurde man nicht verurteilt oder bewertet, wenn man Gefühle ausgesprochen hat. Diese wurden ernst genommen und nicht runtergeschluckt. Jetzt hat natürlich nicht jeder das Glück, in so einer Familie aufzuwachsen. Gerade wer mit Eltern oder Großeltern der Nachkriegsgeneration aufgewachsen ist, wird das vielleicht kennen. Das Überleben und der Wiederaufbau waren hier wichtiger als eine Kindererziehung, in der Gefühle einen eigenen Platz hatten, zumal die meisten Eltern und Großeltern nie gelernt haben, mit ihren eigenen Gefühlen umzugehen. Zusammenreißen musste man sich da und daher ist es auch nicht verwunderlich, dass viele von uns Schwierigkeiten mit Verletzlichkeit haben.

Doch es gibt eine gute Nachricht – auch Verletzlichkeit bzw. das Zulassen von Verletzlichkeit kann man lernen.

Dr. Brené Brown ist die führende Expertin zum Thema Verletzlichkeit an der Universität in Houston. Ihr TED-Talk »The Power of Vulnerability« gehört zu einem der bekanntesten Vorträge der Welt. In ihrer Arbeit hat sie sich die Menschen angeguckt, denen es leichtfällt, Verletzlichkeit zu zeigen, und die, denen es eher schwerfällt. Die Erkenntnis ihrer Studie: Die erste Gruppe hatte ein Selbstwertgefühl und glaubte daran, es wert zu sein, Liebe zu empfinden und zu empfangen. Sie nahmen dies nicht als selbstverständlich an, doch

instinktiv wussten sie, dass sie es verdienten, da diese Emotionen ein Teil von ihnen waren. Wenn Menschen glauben, dass sie genug sind und es wert sind, Liebe und Verbundenheit zu erfahren, dann sind sie die Ersten, die »Ich liebe dich« sagen können oder »Du fehlst mir« oder »Ich brauche deine Hilfe«. Sie bewerten sich nicht für ihre Gefühle und fühlen sich nicht schwach, nur weil sie zu ihren Gefühlen stehen.

Das heißt natürlich nicht, dass sie niemals verletzt werden oder immer das kriegen, was sie möchten. Doch es bedeutet, dass sie bereit sind, es nach einem Scheitern wieder zu versuchen, und dass sie weiterhin offen sind für ihre Verletzlichkeit. Es heißt auch nicht, dass diese Menschen keine Angst davor haben, sich zu öffnen und sich anderen zu offenbaren. Ganz im Gegenteil – meist sind sich gerade diese Menschen ihres Risikos des Verletztwerdens sehr genau bewusst, doch sie riskieren es trotzdem. Und darum sind die verletzlichsten Menschen auch immer die authentischsten. Sie zeigen sich so, wie sie sind, ohne sich innerlich dafür zu bewerten, zu kritisieren oder komplett die Schotten dichtzumachen.

Vielleicht erkennst du dich in diesen Zeilen wieder. Ich für meinen Teil auf jeden Fall! Ich habe Jahre, wenn nicht Jahrzehnte gebraucht, mich meiner eigenen Verletzlichkeit zu stellen, und arbeite noch immer oft genug dran.

Tränen in der Öffentlichkeit? Niemals! Auch wenn ich aufgrund meiner Kontaktlinsen meist wasserfesten Mascara trage. Allein dieses Gefühl der Scham zu empfinden, dass andere Menschen einen in diesem Moment bemitleiden, war für mich früher schon zu viel. Und so kam es auch, dass ich eine Nacht in einer Art Obdachlosenheim in London verbrachte, weil ich mehr Angst vor dem Gesichtsausdruck meiner Freundin hatte, wenn ich sie nachts anrief, um nach einem Platz auf ihrer Couch zu fragen, als davor, in diesem Heim zu übernachten. Ich kam gerade zurück aus Australien, wo ich nach meinem Studium in London während meiner Weltreise für einige Jahre hängen geblieben war. Es war der Sommer 2004 und ich wollte ein paar Monate in London verbringen, bevor es zurück ging nach

Down Under. Wer schon einmal einen Flug nach Australien hinter sich gebracht hat, weiß, dass 23 Stunden in einer engen Flugkabine nicht gerade förderlich sind für das eigene Wohlbefinden. Hinzu kamen noch diverse verpasste Anschlussflüge in Singapur und Dubai, sodass ich sage und schreibe 36 Stunden unterwegs war. Nicht nur mein Zeitgefühl war dahin, sondern anscheinend auch mein Einschätzungsvermögen. Denn so kam es, dass ich abends irgendwann am Bahnhof Kings Cross St Pancras ankam und mir eine schnelle Unterkunft für ein paar Tage suchte. Normalerweise findet man um den Bahnhof herum viele kleine Hostels und B&B, wie es in England eben üblich ist. Und so lief ich auch schnurstracks mit meinem großen Reiserucksack in eines der ersten Gebäude, auf dem in großen Buchstaben »Hostel« stand. Als ich das Haus betrat, merkte ich gleich, dass dieses Hostel nicht unbedingt in die Sternekategorie gehörte. Doch in England war ich das gewohnt und dachte mir auch erst nichts dabei. An der Rezeption angekommen, flackerte gebrochenes Licht aus einer Lampe, die auch schon bessere Zeiten hinter sich hatte. Als der Rezeptionist sich irgendwann bemühte, nach einem freien Zimmer für mich zu schauen, gab auch er nicht preis, wer alles in der Unterkunft wohnte, und schloss vermutlich aus meiner müden Erscheinung, dass auch ich gerade einen schweren Lebensweg ging.

Ich bekam mein Zimmer, das einfach, aber sauber war, und fiel sofort in einen tiefen Schlaf. Als ich am nächsten Morgen durch laute Musik geweckt wurde, zog ich mich schnell an und wollte gerade runter in den Frühstücksraum gehen, als ich mich in Ruhe umsah. Bei Tageslicht sah alles viel schäbiger aus als bei Nacht. Unten an der Rezeption lungerten die anderen Gäste des Hotels herum: Das waren keine Backpacker, sondern eher Obdachlose. Ich sah nicht eine einzige Frau unter ihnen und so rannte ich schnell in mein Zimmer und verriegelte mit klopfendem Herzen die Tür. Oh Mann, wo war ich da bloß gelandet? Und wieso hatte ich überhaupt für zwei Nächte im Voraus gezahlt?

Während meine persönliche Horror-Show allmählich einen riesigen Konzertsaal erfüllt hätte, piepte mein Handy. Eine SMS von meiner Freundin Elly. »Hey gorgeous. How are you? Welcome back! When can I see you?« Gute Frage, nächste Frage. Mir war die aktuelle Situation so unangenehm, dass ich ihr vage zurückschrieb, dass alles natürlich SUPER sei und dass ich mich freute, sie bald zu sehen.

Zum Glück wollte sie mich genau an diesem Tag noch sehen und lud mich direkt zu sich nach Hause ein. Sie wohnte damals ein wenig außerhalb von London und bot mir deswegen an, bei sich zu übernachten. Die Tränen schossen mir sofort in die Augen. Doch statt erleichtert zu sein, war ich total panisch, wie sie reagieren würde, wenn ich ihr die Wahrheit erzählte. Ich schämte mich auf einmal total. War ich doch immer in den Augen meiner Freunde diese scheinbar selbstsichere Person gewesen, die um die Welt reiste und sich mehr oder weniger grazil halb nackt auf hell erleuchtenden Bühnen bewegen konnte. Wie konnte mir also so etwas passieren? Ich war kurz davor, unser Treffen abzusagen und mir erst einmal eine neue, vernünftige Bleibe zu suchen, um den Schrecken zu verarbeiten. Doch glücklicherweise blieb Elly hartnäckig und ich konnte gar nicht schnell genug meine Sachen zusammenpacken, um das Obdachlosen-Hostel zu verlassen.

Wenn ich heute an diese Story zurückdenke, muss ich lachen und habe gleichzeitig Mitgefühl mit mir. Der innere Kritiker in mir war so groß und die Angst davor, einfach zuzugeben, dass ich die Situation falsch eingeschätzt hatte, unrealistisch groß. Aber genau das ist es, was Verletzlichkeit mit uns macht. Sie drängt uns in eine enge Ecke. Wenn wir sie aber zulassen, können wir Wundervolles erleben – nämlich völlige Freiheit von der Meinung anderer, die Entledigung der eigenen Last und die Verbindung zu anderen.

Natürlich habe ich meiner Freundin diese Geschichte am Abend nach dem x-ten Glas Weißwein gebeichtet und wir haben zusammen gelacht und geweint. Genau das sind die Momente, die uns im Nachhinein stark machen und tiefe Verbindungen schaffen.

Schauen wir einmal, wie wir die Angst vor der Verletzlichkeit ablegen können.

# Gegenmittel 9

## Höre auf deine weiche, innere Stimme

Neben deiner Horror-Show gibt es noch diese weiche, warme Stimme, die wie eine liebende Mutter oder Großmutter mit dir spricht. Diese Stimme ist oft sehr leise, doch sobald wir ihr folgen, gehen wir in unser Glück. Manchmal warnt sie uns vor Gefahr und oft will sie uns einfach in die Richtung lenken, die gut für uns ist. Sie ist das Signal, uns zu öffnen; manchmal empfiehlt sie uns aber auch, die ein oder andere Situation zu verlassen. Ihr zuzuhören und zu folgen ist dein Weg in deine eigene Verletzlichkeit. Dies ist vielleicht das Mutigste, das du je in deinem Leben machen wirst, und meist auch das Einzige, das dich wirklich erfüllt.

## Trau dich

Oft werde ich gefragt, ob verletzliche Menschen einfach so geboren wurden und nie Angst haben, sich so zu zeigen, wie sie sind. Meine Antwort darauf ist immer dieselbe: Wir wurden alle authentisch und verletzlich geboren, nur verlieren wir mit dem Erwachsensein einfach oft den Mut zum Menschsein. Wenn du vor einer verletzlichen Entscheidung stehst, dann frag dich diese drei Fragen:

1. Was könnte mir in diesem Moment wirklich Schlimmes passieren?
2. Werde ich daran sterben?
3. Was würde Schönes passieren, wenn ich mich komplett öffne?

DIE ANTWORTEN DAZU LAUTEN DANN MEIST SO:

- Ich werde mich unglaublich schämen.
- Nein, ich werde nicht sterben (es sein denn, du springst ohne Fallschirm aus dem Flugzeug, was nicht zu empfehlen ist).
- Ich könnte mein Leben endlich so leben, wie ich es schon immer wollte. Mich trauen, meinen Traum zu leben, den Partner fürs Leben endlich anzusprechen, jemandem, den ich sehr vermisse, einfach zu sagen, dass ich ihn liebe, anderen verzeihen, mir selbst verzeihen.

Du weißt nie, ob du nicht vielleicht doch Enttäuschung oder Ablehnung erlebst, doch wovon du immer ausgehen kannst, ist, dass du das Wagnis überleben und dadurch Schritt für Schritt stärker wirst. Wenn du dich nicht traust, dann bleibt für dich das, was du bisher schon kennst: zu fühlen, dass du draußen noch mehr auf dich wartet und dass dir der Mut fehlt, zu handeln.

## Heiße deine Verletzlichkeit willkommen

Was mir bei meiner Reise in meine eigene Verletzlichkeit immer sehr hilft, ist, mich daran zu erinnern, dass sie auch in die Kategorie der unangenehmen Gefühle gehört. Wir verbinden Scham mit dem Thema Verletzlichkeit und diese wollen wir unbedingt unterdrücken. Doch es entsteht dieselbe Magie, wenn wir sie einfach willkommen heißen und zulassen. Wenn du in einem besonders verletzlichen Moment bist, dann hilft es dir vielleicht, an den runtergedrückten Wasserball im Meer zu denken und an die drei Fragen aus Step 2 (Seite 185), die immer wieder alles in die richtige Perspektive rücken.

# Fazit

In unserer derzeitigen Welt, die von Instagram-Filtern, Ängsten und Unsicherheiten geprägt ist, fällt es uns oft schwer, den Mut zu haben, uns so zu zeigen, wie wir wirklich sind. Unser Star-Gast wird immer häufiger in den Backstage-Bereich geleitet, obwohl da eigentlich die beiden alten Miesepeter hingehören. Ich verstehe das nur zu gut, denn ich könnte vermutlich mit all meinen Momenten, in denen ich mich gegen meine Verletzlichkeit entschieden habe, ein ganzes Buch füllen. Dieses Buch wäre aber sehr deprimierend und schwarzmalend, denn es entsteht nichts Tiefergreifendes, wenn wir unsere Verletzlichkeit permanent verneinen. Es entstehen keine echten Freundschaften, keine richtige Intimität und auch nicht dieses Glücksgefühl, das wir bekommen, wenn wir mutig sind und zu uns stehen.

Unser Leben findet nur dann wirklich tiefgründig und menschlich statt, wenn wir es mit Verletzlichkeit leben können: wenn wir mit Mut und Zuversicht »Ich liebe dich« sagen können, »Es tut mir leid« oder »Du fehlst mir«. Wenn wir um Hilfe fragen können und unsere Erfolge sowie unsere Misserfolge teilen können, ohne uns dabei zu schämen. Wenn wir wahre Intimität in unseren Beziehungen zulassen können und erkennen, dass wir es wert sind, Verbindung und Zuneigung zu erfahren. Wir eröffnen damit alle Möglichkeiten für unser Leben und erfahren unsere eigene Authentizität.

## Deine Notizen

Wie gehst du mit Verletzlichkeit um?

..................................................................................

..................................................................................

Wann hast du dich das letzte Mal geschämt und weshalb?

..................................................................................

..................................................................................

Wovor hast du am meisten Angst, wenn du an Verletzlichkeit denkst?

..................................................................................

..................................................................................

Was sind deine Antworten auf die drei Fragen bei einer Sache, zu der dir noch der Mut fehlt?

..................................................................................

..................................................................................

Was wäre, wenn du dich einfach traust? Was könntest du gewinnen?

..................................................................................

..................................................................................

Was war einer der verletzlichsten Momente in deinem Leben und warum?

..................................................................................

..................................................................................

Was kannst du bereits heute tun, damit es dir besser geht?

..................................................................................

..................................................................................

# RECAP Kapitel 9

- Unsere ***Verletzlichkeit*** ist der Star-Gast dieses Buchs, gefürchtet, geliebt, gehasst und Teil unserer menschlichen Erfahrung.
- Wir wurden alle damit geboren worden, doch irgendwann wurde uns die Verletzlichkeit durch Sätze wie »Reiß dich zusammen!« oder »Sei doch einfach so, wie du bist, aber bitte nicht so!« abtrainiert.
- Aber wir schotten uns immer mehr ab. Unsere Städte werden zu Single-Hochburgen, die Scheidungs- und Burnout-Raten steigen. ***Wir trainieren uns unsere Verletzlichkeit systematisch ab***, da wir sie in die Schublade der Schwäche eingeordnet haben.
- Im Leben aber gehört Sonne genauso dazu wir Regen. Wir dürfen beängstigende Gefühle daher nicht einfach ausklammern.
- Verletzlichkeit heißt, sich neuen Erfahrungen, Menschen und vor allem der Ungewissheit zu öffnen. Das ist oft beängstigend, aber immer mutig.
- Verletzlichkeit können wir lernen.
- Unsere ***Verletzlichkeit gehört auf die Show-Bühne*** und nicht in den Backstage-Bereich zu den beiden Alten. Nur wenn wir sie zelebrieren, sind wir in der Lage, Intimität, Tiefe und unsere eigene Wahrhaftigkeit zu erleben.
- Verletzlichkeit ist der Bestandteil unserer Authentizität und Mut ist der Schlüssel dazu.

# Authen-tizitäts-killer 10

# Keine Verantwortung übernehmen

## »Opferrolle oder Kick-Ass?«

### Die Opfermentalität

Sobald wir den Ausdruck »Opfer« hören, denken wir zunächst einmal an jemanden, der physisch, sexuell oder emotional misshandelt wurde. Wenn jemand auf diese Art und Weise behandelt wurde, ist es sein volles Recht, sich als Opfer zu fühlen. Wirklich voran geht es aber dann im Leben wieder, wenn man die Rolle verlässt und das Geschehene hinter sich lässt.

Niemand wird mit einer Opfermentalität geboren, genauso wenig wie jemand depressiv oder mit Panikattacken geboren wird. Klar hat man bei einem schreienden Baby manchmal den Eindruck, dass es panisch nach der mütterlichen Brust oder Zuwendung verlangt. Geboren wurde aber es nicht mit dem Gefühl der Panik in sich. Diese Gefühle lernen wir erst kennen, wenn uns Schlimmes wiederfährt oder wenn wir uns das Verhalten von anderen abgucken.

Ich möchte niemandem negative oder traurige Gefühle absprechen oder schlechte Erfahrungen und Erlebnisse schönreden. Wenn du meinen Text aufmerksam gelesen hast, weißt du, dass ich dafür einstehe, alle Gefühle zuzulassen, auch die schrecklichen. Doch irgendwann müssen wir uns von diesen negativen Gefühlen trennen, um Platz für Neues in unserem Leben zu machen.

Allzu oft sind wir doch in einer Art Opfermentalität gefangen, die erwachsene Menschen zu trotzigen kleinen Kindern macht. »Ich konnte das gar nicht rechtzeitig erledigen, weil meine Kollegin immer den Drucker in Anspruch nimmt.« »Ich kann nun mal keine vernünftigen Beziehungen führen, weil ich ein Scheidungskind bin.« »Ich kann einfach nie glücklich sein, weil mir meine Eltern nie gezeigt haben, wie das geht.«

Jetzt wirst du vielleicht schmunzeln und dich fragen, ob ich solche Sätze wirklich schon einmal von Erwachsenen gehört habe. Ja. Ständig. Die ganze Zeit. Und ich kann in vielen Fällen gut verstehen, woher dieses Verhalten und diese Entschuldigungen kommen: von wahren Schicksalsschlägen oder weil wir es uns bei anderen abgeguckt haben. Klingt radikal? Dann beantworte mir mal, zu welchen Zeitpunkten du als Kind meist die volle Aufmerksamkeit erhalten hast. Richtig, meist dann, wenn es dir nicht gut ging. Wenn Kinder krank sind, werden sie umgarnt, verwöhnt und sie bekommen die volle Aufmerksamkeit. Ich will damit nicht sagen, dass wir in der Konsequenz aufhören sollten, unsere Kinder zu liebkosen, sie zu umsorgen und zu verwöhnen. Doch wenn ein Kind lernt, dass es nur die volle Aufmerksamkeit erhält, wenn es leidet, kann sich hier schnell ein Hang zur Opfermentalität entwickeln. Das kann so weit gehen, dass aus diesen Kindern Erwachsene mit zum Teil sehr schwerwiegenden Krankheiten werden. Auch hierzu nennt Gabor Maté in seinem Buch »When the body says no« faszinierende Beispiele.

Was wir als Kinder gelernt oder durchgemacht haben, war etwas, das außerhalb unserer Kontrolle stattfand. Wichtig ist, dass wir es verstehen, akzeptieren und am Ende loslassen können, denn am Ende haben wir ab einem gewissen Alter die volle Verantwortung für uns und unsere Entscheidungen zu tragen. Ich begegne ständig Menschen in meinem Leben, die in ihrer Opferrolle immer noch gefangen sind in der Hoffnung, dass jemand kommt und sich entschuldigt oder ihnen bestätigt, dass ihre Rolle gerechtfertigt ist, um damit den Schmerz zu lindern.

Aber weißt du was? Es wird niemand kommen und niemand kann dir den Schmerz nehmen außer dir selbst. Du kannst natürlich auch noch 60 Jahre warten, bis dein Leben fast vorbei ist – auch dann kommt keiner. Klingt jetzt im ersten Moment hart, aber so ist das Leben. Egal, wie und wo wir aufwachsen, wir werden nicht immer unser Kuscheltier Schafi oder das pummelige Einhorn dabeihaben können, die uns trösten und für uns da sind. So funktioniert das Leben nun mal nicht. Das Leben meint es natürlich nicht persönlich, wenn wir krasse Schicksalsschläge erfahren. Das Leben ist und bleibt so, wie es ist, und die Frage nach dem Warum darf mit Recht kurz gestellt werden, aber du wirst darauf nie eine zufriedenstellende Antwort bekommen. Also, wie lange willst du dich mit deinen negativen Erlebnissen rumplagen und dich und andere damit belasten?

Der Autor Gary John Bishop hat mit seinem Buch »Unfu*k Yourself« den Finger genau in diese Wunde gelegt. Sein Buch ist nicht ohne Grund ein Bestseller, der sich schon über anderthalb Millionen Mal verkauft hat. Gary schreibt schonungslos über das, worin die meisten von uns so gut sind: das Schwelgen im eigenen Selbstmitleid!

Wenn du dich für Gary John Bishop interessierst, dann kannst du ein Interview mit ihm in meinem Podcast »Kick-Ass Living« hören oder später in den Buchempfehlungen stöbern.

»Immer habe ich so ein Pech!« »Dass das immer mir passieren muss« – Kennst du solche Sätze? Sei ehrlich! Natürlich kennst du solche Sätze – ich kenne sie auch. Aber nur du selbst hast es in der Hand, etwas gegen dieses »Pech« zu tun.

## DIE OPFERROLLE BRINGT ABER NATÜRLICH AUCH VORTEILE MIT SICH:

- Du bekommst endlich die Aufmerksamkeit und Wertschätzung, die du schon immer wolltest. »Oh, du Arme!« Endlich bist du das Zentrum aller Aufmerksamkeit und erntest Mitleid. Alles dreht sich nur noch um dich. Doch Vorsicht, irgendwann merken die anderen, dass du gar kein Opfer bist und dich nur selbst bemitleidest, und sind genervt.
- Du brauchst kein Risiko auf dich zu nehmen. Als Opfer bist du nun mal schwach, gebeutelt, vom Leben bestraft, also musst du gar nicht erst mutig sein.
- Du musst keine Verantwortung übernehmen. Wenn du ein Profi der Opferrolle bist, dann hast du eine ganze Garde Menschen um dich, die immer alles für dich tut. Du hast sie gut trainiert. Doch auch sie werden irgendwann deine wahren Beweggründe erkennen und du läufst Gefahr, dass du sie verlierst.
- Die anderen sind immer schuld. Der Kollege wurde befördert? Du wurdest ja auch als Kind immer kleingehalten und hast gar nicht das nötige Selbstbewusstsein. Deine Beziehung ist in die Brüche gegangen? Du hast damit nichts zu tun, du hast ja nie gelernt, wie man liebt. Wenn du dich als Opfer siehst, dann findest du überall Beweise dafür, dass andere Schuld an deinem Schicksal sind und du Opfer deines Lebens bist. Durch diese Ansicht wiederum hast du unterbewusst trotzdem das Gefühl, alles im Griff zu haben.

Das ganze Gejammer ähnelt dem Song von Shaggy »It wasn't me«, in dem es darum geht, dass es definitiv nicht er war, der inflagranti mit der Nachbarsfrau erwischt wurde. Ich schreibe das alles mit einem Augenzwinkern und natürlich haben wir alle ab und an den Eindruck, dass andere schuld daran sind, was uns passiert. Wichtig ist aber, ob wir in der Lage sind, uns von diesen Gedanken zu lösen, oder ob wir sie tagein, tagaus mit uns herumtragen.

> »Aus meinem Leben konnte einfach nichts werden, denn XYZ war daran schuld!«

Merkst du, wie unsinnig das klingt?

## Was macht eine Opfermentalität aus?

**SCHULDZUWEISUNGEN:** Du gibst ständig anderen Menschen oder Situationen die Schuld dafür, dass du dich schlecht fühlst.

**PECHVOGEL:** Das Leben ist ständig gegen dich. Immer hast du Pech!

**KATASTROPHENALARM:** Du machst aus Mücken glatt eine ganze Elefantenherde. »Ich habe seit gestern Kopfschmerzen – das ist bestimmt ein Gehirntumor!«

**DEINE VERGANGENHEIT:** Du lebst immer noch in der Vergangenheit und lässt schmerzvolle Erinnerung ständig wiederaufleben. Du gibst dir keine Chance, am jetzigen Leben teilzuhaben.

**KÖNNTE BESSER SEIN:** Selbst wenn die Dinge gut laufen, findest du noch mindestens ein Haarbüschel in der Suppe.

**PERSPEKTIVENWECHSEL:** Du siehst die Dinge so, wie du sie sehen willst, und lässt keinen Wechsel der Perspektive zu.

**MACHTLOS:** Du fühlst dich in dein Leben oft machtlos.

**OUT OF CONTROL:** Du glaubst, dass du nicht verantwortlich bist für dein Leben und keine Kontrolle darüber hast.

**ALLE, NUR NICHT DU:** Im Leben haben es alle besser als du.

**MITLEID:** Du genießt das Gefühl, wenn du dich selbst bemitleiden kannst, oder suchst aktiv nach dem Mitleid von anderen.

**BEWEISE:** Du findest stets Beweise dafür, dass du es besonders schlimm hast, und ziehst auch denselben Typus Mensch an, der dir wiederum bestätigt, dass alles ganz schrecklich in deinem Leben ist. Schön sind dann auch Sätze, wie »Siehst du, hab ich doch gesagt, XYZ sieht das genauso wie ich.«

Dies ist nur eine knappe Auflistung, denn ich möchte mehr mit dir darüber sprechen, wie wir uns von diesen Gedanken lösen können. Allein diese Aufzählung zeigt aber bereits, wie destruktiv die Opfermentalität für unsere Zufriedenheit im Leben ist.

## Gegenmittel 10

### Triff eine Entscheidung: Opferrolle oder Kick-Ass?

Bevor du gleich die Augenbrauen nach oben ziehst. Ja, es ist so einfach! Du musst im ersten Step erst einmal eine Entscheidung treffen: Nimmst du ab sofort die Verantwortung für dein Leben in die Hand, trittst du der Opfermentalität mal gehörig in den Hintern oder willst du dich dein Leben lang selbst bemitleiden?

Klingt hart? Na ja, was ist schlimmer? Dein Leben lang auf eine Entschuldigung oder Erklärung von jemandem zu hoffen, ständig mies drauf zu sein, deinem Umfeld mit deinem ständigen Gejammer auf die Nerven zu gehen und dir deine Träume systematisch auszureden, da ja jemand anderes schuld an allem ist? Oder die Opferrolle zu verlassen, mutig zu sein und Verantwortung zu übernehmen? Die Entscheidung liegt bei dir.

## Hör auf, andere zu beschuldigen

Sobald du deine Entscheidung getroffen hast, beobachte, wie du in deinem Alltag mit Situationen umgehst, die nicht so gut laufen. Bevor du in die Schuldkiste greifst, halte inne und sag laut: »STOPP!« Welchen Teil der Verantwortung kannst du direkt übernehmen und die Situation in etwas Positives verwandeln?

## Schreib dir auf, wie du deine Situation ändern kannst

Wenn wir uns in der Opfermentalität befinden, dann wirkt es fast, also gebe es keinen anderen Ausweg mehr als unsere eigene Einbahnstraße. Das ist aber so gut wie nie der Fall. Bevor du, wie bisher immer, in Panik ausbrichst, nimm dir etwas zu schreiben und überleg dir, welche Wege es noch aus der jetzigen Situation gibt.

## Wechsle die Perspektive

Oft fällt es uns schwer, uns von der Opferrolle zu lösen. Es hilft, wenn du dir vorstellst, ein Freund wäre in der Situation, in der du dich gerade befindest. Was würdest du ihm sagen? Wie würdest du ihm begegnen?

## Lerne den Unterschied zwischen Mitgefühl und Mitleid kennen

Allzu oft werden Mitgefühl und Mitleid miteinander verwechselt. Mitleid ist das, was wir anderen geben, wenn sie uns leidtun, weil sie leiden. Damit helfen wir ihnen aber nicht, sondern legen den Fokus auf das Leid statt die Lösung. Die Person, die wir bemitleiden, bleibt also in ihrem Leid.

Wenn wir dagegen Mitgefühl praktizieren, dann geben wir ein Gefühl des Verständnisses für die andere Person oder uns. Wir vermitteln, dass wir sie gut verstehen können, weil auch wir so etwas mal gefühlt haben. Wir fördern nicht ihr Leid, sondern unterstützen sie, sodass die Person Kraft bekommt, selbst wieder auf die Beine zu kommen. Mitgefühl ist eines der wichtigsten Attribute in unserer persönlichen Entwicklung, denn es macht uns stark für andere und für uns selbst.

## Hab Geduld mit dir

Da ist sie wieder, die liebe Frau Geduld. Genau sie brauchst du jetzt besonders, wenn du dich aus deiner Opfermentalität lösen möchtest. Es wird Tage geben, da läuft alles ganz gut. Du kannst dich hervorragend reflektieren und dementsprechend agieren. Und dann wird es wieder Tage geben, an denen du tief in dein Selbstmitleidsloch fällst. Das ist menschlich und gehört zu deiner Reise in deine Authentizität dazu. Lass dir Zeit und habe Geduld, um aus diesem Loch herauszuklettern.

## Sei dankbar für alles, was dir widerfahren ist

Ich weiß, auch hier zieht sich vielleicht die eine Augenbraue hoch, denn wie kann ich so etwas sagen, wenn jemand Schlimmes durchgemacht hat oder man eine nahestehende Person verloren hat. Ich meine damit nicht, dass wir die schrecklichen Dinge unseres Lebens herzlich begrüßen sollen. Es ist wichtig, zu trauern, sie zu verarbeiten und sie irgendwann eben zu verabschieden. Das heißt nicht, dass wir vergessen. Es heißt nur, dass unser Fokus auf die Dankbarkeit gerichtet wird und nicht mehr auf das Leid. Wer war zum Beispiel in dieser schrecklichen Zeit bei dir und hat dir durch den Sturm geholfen? Gibt es etwas, das du trotz dieser Katastrophe mitnehmen konntest? Wofür kannst du heute besonders dankbar sein?

Wenn wir in der Opfermentalität feststecken, dann liegt unser Fokus nur noch auf unserem Leid und das zieht sich durch unser gesamtes Leben. Erst wenn wir uns auf das konzentrieren, was gut läuft in unserem Leben, werden wir mit der Zeit mehr von unserem Leid hinter uns lassen können.

## Hilf anderen

Es gibt immer jemanden, der es schlechter hat als man selbst. Wir brauchen uns nur umzuschauen. Vielleicht haben wie einen Nachbarn, der gerade arbeitslos ist und kaum genug zu essen hat, oder wir schauen uns auf den Straßen unserer Städte um. Es gibt so viele Obdachlose, alkoholkranke Menschen, Tiere in Tierheimen oder gemeinnützige Organisationen, die alle von deiner Unterstützung profitieren können.

Mahatma Ghandi sagt es einem seiner Zitate so schön:

> **»Der beste Weg, um sich selbst zu finden, ist, sich im Dienst für andere zu verlieren.«**

In jedem Moment, in dem wir unsere eigene »Oh, ich Arme(r)«-Einstellung spüren, hilft es, wenn wir über unseren eigenen Tellerrand schauen, bemerken, wie gut wir es haben, und andere, die unsere Hilfe benötigen, unterstützen. Dies muss nicht immer bedeuten, dass wir sofort unseren Job kündigen und in ein Dritte-Welt-Land reisen. Auch in unserem direkteren Umfeld gibt es vieles, was getan werden kann.

Mein Vater hat mir das immer vorgelebt. Er konnte selten an einem Bettler oder Straßenmusiker vorbeigehen, ohne ihm eine Münze in den Plastikbecher zu werfen. Oftmals lud er auch jemanden zum Essen ein oder brachte ihm an einem kalten Tag eine Tasse Kaffee. Mir ist bewusst, dass in unserer heutigen Zeit sehr viele Leute Hilfe benötigen und man den Eindruck hat, dass, gäbe man jetzt jedem Bettler auf der Straße etwas Geld, der eigene Geldbeutel bald leer sei. Man kann aber auch mit anderen Dingen helfen wie Klamotten oder Essen gezielt helfen. Ich habe bisher noch keinen Obdachlosen erlebt, der sich nicht über eine Essens- oder Winterklamottenspende gefreut hat.

Dieser Perspektivwechsel hilft uns, zu verinnerlichen, wie gut es uns tatsächlich geht, und ich hoffe, du erkennst wie unangebracht deine Opfermentalität oftmals ist.

## Praktiziere Vergebung

Dies ist für die meisten von uns eine der schwersten Praktiken und doch führt genau diese zu unserer vollumfassenden Genesung. Als Opfer sind wir verbittert, weil wir uns daran festhalten, dass uns jemand Schaden zugefügt hat. Wir sind wütend, fühlen uns machtlos und schon rutschen wir ab in die Endlosspirale. Doch was bringt das? Eigentlich nur immer mehr Traurigkeit, mehr Wut, mehr destruktives Verhalten.

Richte deinen Fokus stattdessen auf die Vergebung. Das heißt nicht, dass du verleugnen sollst, was in deinem Leben passiert ist, sondern dass du dich entscheidest, dein Leid loszulassen. Für viele fühlt sich das so an, als würden sie das, was ihnen passiert ist, entschuldigen und abtun. Das ist keineswegs so. Wir sehen das Geschehene an, akzeptieren, dass wir in diesem Moment das Opfer waren, und können jetzt aber die Chance ergreifen, dieses Gefühl zu verabschieden. Versuche es gleich heute mit kleinen Schritten.

# Fazit

Die Opferrolle erwischt uns alle immer wieder mal im Leben und wir dürfen auch ruhig kurz mal in sie hineinschlüpfen. Doch spätestens, wenn wir ständig darüber nachdenken, warum wir bloß immer so ein Pech haben, müssen wir uns entscheiden. Wir können diese Rolle bis zu unserem letzten Atemzug einnehmen und wissen genau, was wir bekommen: Mitleid und ein unerfülltes stets auf unser Leid fokussiertes Leben, das mit einem Grabstein endet, auf dem steht: »Die anderen waren schuld!« Oder aber wir entscheiden uns, hier und jetzt, dass wir für ein Kick-Ass-Leben bereit sind. Ein Leben, für das wir selbst die Verantwortung tragen, denn »jeder ist seines Glückes Schmied«.

Je ehrlicher wir zu uns selbst werden und uns so akzeptieren, wie wir wirklich sind, desto weniger rutschen wir in die Opferrolle. Stattdessen werden wir uns täglich fragen können: Was kann ich Positives aus jeder Situation mitnehmen? Wie kann mir das, was ich durchmachen musste, für meine eigene Entwicklung helfen?

In den Dingen, die uns am meisten Schaden zugefügt haben, liegt oftmals unser größtes Seelenheil.

In dem Moment, in dem wir unserem Schmerz tief in die Augen schauen können und ihn umarmen, statt ihn zu verteufeln, haben wir unser Ziel in unsere eigene Authentizität erreicht.

Und ja, dieser Schritt fällt uns allen schwer, denn wir Menschen lieben das, was wir bereits kennen. Wir alle haben eine Komfortzone, die wir nur ungern verlassen. Somit ist es für uns immer eine Herausforderung, etwas zu hinterlassen und zu neuen Wegen aufzubrechen. Vielleicht kennst du das Bild des angebundenen Elefanten, der nur an einem mickrigen Holzpfosten angebunden ist. Er kennt es nur so und denkt, dass dieser Holzpfosten seine Grenze ist und hat sich damit abgefunden. Wenn er aber nur einen etwas größeren Schritt machen würde, würde er bemerken, dass dieser Holzpfosten gar keinen Widerstand für ein so mächtiges Tier wie ihn darstellt. Wie sieht es mit dir aus? An welchem Holzpfosten bist du festgebunden?

## Deine Notizen

Wie häufig befindest du dich in der Opfermentalität?

.......................................................................

.......................................................................

.......................................................................

Wie kannst du es dir bewusster machen, wenn du zu lange in deinem Selbstmitleid schwelgst?

.......................................................................

.......................................................................

.......................................................................

Was sind die Erlebnisse, die dich in diese Opferrolle bringen?

.......................................................................

.......................................................................

.......................................................................

Was kannst du von ihnen lernen?

.......................................................................

.......................................................................

.......................................................................

Was kannst du tun, um dich von deiner Opfermentalität zu lösen?

.......................................................................

.......................................................................

.......................................................................

Was kannst du bereits heute tun, damit es dir besser geht?

.......................................................................

.......................................................................

.......................................................................

# RECAP Kapitel 10

- Bei dem Begriff »Opfer« denken wir an die schlimmen Ereignisse, die wir mit Missbrauch verbinden. Zu Beginn haben wir das Recht, uns schlecht zu fühlen und zu begreifen, was wirklich passiert ist.
- Niemand wurde mit der ***Opfermentalität*** geboren. Durch Erlebnisse oder vorgelebtes Verhalten rutschen wir allerdings in diese Rolle.
- Es geht es nie darum, die schlimmen Erfahrungen zu verneinen oder zu verharmlosen, sondern es geht vielmehr darum, diese zu ***akzeptieren und loszulassen***. So schaffen wir Raum für etwas Neues in unserem Leben.
- Die Opferrolle ist deshalb so beliebt, da wir durch sie scheinbare Anerkennung und Aufmerksamkeit erleben.
- So werden Erwachsene häufig wieder zu kleinen trotzigen Kindern, die die Schuld bei anderen sehen und nie bei sich.
- Wenn wir den Blick darauf richten, dass wir zu diesem Zeitpunkt nicht die Kontrolle über die Dinge hatten, die uns widerfahren sind, dann können wir für uns entscheiden, ob wir sie unser Leben nach wie vor regieren lassen, oder uns von ihnen verabschieden.
- Die ***klassischen Charakteristika der Opfermentalität*** sind: Schuldzuweisungen, Pechvogel-Dasein, Katastrophenalarm, die eigene Vergangenheit, alles könnte immer besser sein, Perspektivenwechsel, Machtlosigkeit, Selbstmitleid, Mitleid.
- Und die Gegenmittel?
  - Um uns davon zu lösen, müssen wir uns zuerst entscheiden: Opferrolle oder Kick-Ass?

- Hör auf, andere zu beschuldigen.
- Schreib dir auf, wie du deine Situation ändern kannst.
- Wechsle die Perspektive.
- Lerne den Unterschied zwischen Mitgefühl und Mitleid.
- Hab Geduld mit dir.
- Sei dankbar für alles, was dir widerfahren ist.
- Hilf anderen.
- Praktiziere Vergebung.

In den Dingen, die uns am meisten Schaden zugefügt haben, liegt meist unser ***größtes Seelenheil.***

# Authen-tizitäts-killer 11

# Angst vor der Stille haben

— »Höre in deine Stille – sie hat dir so viel zu sagen.« —

Rumi

Das gnadenlose Piepen meines Weckers weckte mich. Noch halb verschlafen suchte ich mit meiner Hand im Dunkeln nach dem Ausknopf des alten Geräts aus den 1980er-Jahren. Halb verschwommen und noch nicht annährend wach sah ich mit meinem linken Auge die blassblau erleuchteten Zahlen auf dem rechteckigen Display: 04:30 Uhr. Sprich noch mitten in der Nacht. Normalerweise würde ich mich fluchend umdrehen und weiterschlafen, doch nicht heute, denn ich erinnerte mich langsam wieder, wo ich war. Ich hatte mich für zehn Tage in ein Vipassana-Meditations-Retreat eingeschrieben. Dort gab es strikte Regeln und dazu gehörte auch das Aufstehen um 04:30 Uhr morgens. Ich spürte, wie mein Körper sich langsam erhob, die zusammengefaltete und extra neben meinem Bett platzierte Kleidung langsam anzog. Alles geschah wie im Autopilot-Modus.

War heute bereits der fünfte oder sechste Tag meiner Zeit im Retreat? Ich wusste es nicht. Ich merkte nur, wie ich jeden Tag etwas ruhiger wurde. Ich öffnete die Tür und ging hinaus in den kalten Morgen hinüber zum Haupthaus, in dem schon die anderen Gäste warteten.

Im großen Meditationssaal nahm ich meinen mir zugeordneten Platz ein, atmete einmal tief ein und schloss die Augen.

Hätte mir vor einiger Zeit jemand gesagt, dass ich zehn Tage meditieren und dabei auch für die gesamte Zeit ein Schweigegelübde ablegen würde, hätte ich schallend gelacht. Alles klar, ausgerechnet ich. In der Abizeitung meines Abschlussjahrgangs waren alle mit Fotos und einem entsprechenden Spruch aufgeführt. Bei mir stand damals sehr treffend: »Sieht man sie nicht, dann hört man sie.« Autsch. Das war allerdings recht zutreffend beschrieben. Ich war schon immer sehr temperamentvoll und häufig witzelte ich, dass das, was ich vom lieben Gott nicht in Zentimetern bekommen hatte (ich bin nur 1,56 m groß), im Volumen meiner Stimme kompensiert wurde (entsprechend reise ich jetzt mit meinen singenden Vorträgen durch die Weltgeschichte).

Laute und temperamentvolle Menschen haben nicht nur die laute Stimme gemeinsam, sondern auch die große Furcht vor der eigenen Stille. Wir kennen alle diese Personen, die immer so wirken, als seien sie stets gut drauf. Gerade auf Instagram sieht man diese Personen häufig. Ich gebe zu, ich habe mich auch sehr lange in dieser Sparte Mensch aufgehalten.

»Wie geht's dir?« – »Ach, weißt du, einfach suuper. Einfach richtig gut. Uuuhu uhuuu.« (Kennst du noch dieses Geräusch aus den Vocal-House-Songs der 1990er-Jahre?)

Jetzt, wo du die letzten Kapitel aufmerksam gelesen hast (wehe, wenn nicht), fällt dir bestimmt wieder ein, was hier fehlt: richtig, die Verletzlichkeit wurde mal wieder in den Backstage-Bereich verbannt. Genauso geht es uns oft mit der eigenen Stille. Wie oft ertappst du dich dabei, dass du als Erstes das Radio, den Fernseher oder die Musik zu Hause anmachst, wenn du alleine bist. Wie oft verbringst du Zeit in absoluter Stille?

Nun gebe ich zu, dass ich als Einzelkind aufgewachsen bin und es gewohnt war, viele Dinge alleine zu machen, da meine beiden Eltern berufstätig waren. Für mich war es nie besonders schlimm, wenn es keine Ablenkung in Form von Lautstärke gab. Zudem brauchte ich und brauche ich als extrovertierte Person nach wie vor die Rückzugsmöglichkeiten der Ruhe. Mich allerdings mit meiner eigenen Stille in Form von zehn Tage Schweigen und neun Stunden Meditation auseinanderzusetzen, war mir fremd und bereitete mir vor allem eins: PANIK!

Nicht ohne Grund wird Stille oft als Foltermittel eingesetzt. Gefangene im Gefängnis werden mit der Einzelhaft systematisch bestraft, denn es ist psychologisch erwiesen, dass uns die eigene Stille am meisten Angst macht. Wir haben Angst vor unserer eigenen Stille. Vor etwas, das so natürlich, so normal und so unglaublich erfüllend ist, wenn wir es einfach mal ausprobieren.

Nun möchte ich meinen Aufenthalt im Vipassana-Meditations-Retreat auf keinen Fall verharmlosen. Es war eine sowohl toughe als auch faszinierende Zeit für mich, die ich seitdem jedes Jahr wiederhole.

Jeder Tag begann um 04:30 Uhr und war bis 21 Uhr mit Meditationssitzungen, Mahlzeiten und Pausen durchgetaktet. Diese Struktur war enorm wichtig, da sie etwas bot, an dem ich mich orientieren konnte, wenn ich schon nicht sprechen durfte oder mich gar in meine Social-Media-Welt vertiefen konnte. Bücher und Notizbücher waren wie jegliche sportliche Betätigung ebenfalls nicht erlaubt. Das Credo des buddhistischen Retreats lautet:

> **— »Calming physicial activities, calming mental activities.« —**

Sprich, je ruhiger unser Körper wird, desto ruhiger werden auch unsere Gedanken. Klingt logisch.

In den ersten Tagen ist das allerdings kaum zu glauben, denn von Ruhe im Kopf ist nicht zu sprechen. Zumindest ging es mir so und es geht mir auch immer noch so, wenn ich das Retreat besuche. Mittlerweile bin ich ein Fan davon geworden – und das, obwohl ich immer noch die bin, die man eher hört als sieht.

Sobald man das Handy und die eigene Stimme »abgibt«, wird auf einmal alles 1000-fach intensiver. Man sitzt systematisch in seinem eigenen Saft und kann nicht weg. Nicht nur ist das idyllische Gelände des Retreats eingezäunt, auch die eigene Horror-Show läuft jetzt zu wahren Höchstleistungen auf. Die beiden alten Miesepeter sind wie auf Koks, Ecstasy und Aperol-Spritz gleichzeitig. Die Regler stehen auf voller Lautstärke und ich frage mich, wie es sein kann, dass diese Party niemand hört außer mir. Das Gezeter in mir ist horrend und der Wunsch nach Ablenkung fühlt sich an wie bei einem Drogensüchtigen. Moment, ist ja irgendwie auch so – wir sind mittlerweile alle irgendwie süchtig, sobald wir ein Smartphone in der Hosentasche tragen.

Aber es wird besser. Jeden Tag wird es ein wenig besser. Immer mehr merkt man, dass die beiden Alten mit der Zeit müder werden, wenn man während des Meditierens immer und immer wieder seine Aufmerksamkeit auf den eigenen Atem lenkt. Das klingt einfach, ist aber verdammt hart.

**»Je mehr du deinen Atem im Griff hast, desto eher hast du inneren Frieden.«**

Ich werde ständig gefragt, was ich dort den ganzen Tag mache und warum das denn so anstrengend ist. Das kann ich euch sagen: weil man den ganzen Tag versucht, die eigene Aufmerksamkeit von seinen Gedanken abzulenken. »Oh, so ein Blick auf Instagram wäre ja eigentlich jetzt ganz schön.« »Was die Dame in der ersten Reihe wohl beruflich macht.« »Ist das jetzt mein Knie, das so laut geknackt hat, oder das von meiner Nachbarin?« »Laaaangweilig! Wann gibt's denn endlich etwas zu essen?« Es ist nicht schlimm, wenn unsere Gedanken abdriften. Das tun sie sowieso wie eine Herde Wildpferde, die man dann mit einem Lasso einfangen will. Das Ganze auf dem Boden sitzend für mehrere Stunden hintereinander, insgesamt neun Stunden am Tag. Spätestens, wenn man die Hälfte der zehn Tage geschafft hat, tun einem Stellen im Körper weh, von denen man nicht wusste, dass man sie hat.

Und trotz dieser physischen Qualen passiert etwas ganz Wunderbares mit einem. Man nimmt sich auf einmal selbst wahr. Nicht die Gedanken, sondern als die Kraft, die einen atmen lässt. Es ist, als ob man jedes Molekül im Körper spüren kann. Zumindest ist es für mich jedes Mal so. Sobald ich die Augen schließe, sehe ich nur noch ein Bild, als ob ich bei klarer Nacht in einen Sternenhimmel gucken würde, und fühle meinen ganzen Körper innerlich vibrieren.

Bevor du jetzt tief schnaufst und dich wunderst, warum ich auf einmal in die Esoterik drifte: Das tue ich nicht. Denn dies hat mit Esoterik nichts am Hut. Es ist real, mittlerweile sogar wissenschaftlich nachgewiesen. Interessant ist es auch, dass auch unglaublich viele Naturwissenschaftler immer wieder in das Retreat zurückkehren. Das letzte Mal, als ich dort war, lernte ich eine Astrophysikerin kennen, die mir alle Phänomene während einer Meditation wissenschaftlich erklären konnte. Natürlich erst nach unserer Schweigeperiode.

Auch ich finde mich als Stammgast in diesem Retreat wieder, denn diese Zeit, im eigenen Saft zu sitzen, ist zu einer der lehrreichsten und wertvollsten in meinem Leben geworden.

Wovor haben wir eigentlich so viel Angst? Na, vor unserer Horror-Show, die uns immer wieder vorsingt, wie schlimm die Dinge sein werden, die uns kritisiert oder uns beweisen will, dass wir wertlos sind. In dem Moment, indem wir uns der eigenen Stille stellen, wird diese Horror-Show mit der Zeit immer leiser und wir können auf einmal viel mehr auf diese weiche Stimme hören, die wir Intuition nennen.

Nach Episoden der eigenen Stille wird unsere innere Weisheit sensibilisiert und wir können unserem Inneren viel eher zuhören, da es nicht mehr unter dem Gezeter der beiden Alten verschüttet ist.

Das Faszinierende daran ist, dass wir diese leise Stille immer in uns tragen und sie zu jeder Zeit aktivieren können, wenn wir nur wollen. Meist weigern wir uns, weil wir so große Angst vor der vermeintlichen Leere dahinter haben. Doch da ist keine Leere, sondern nur eine innere, tiefe Zufriedenheit, sobald wir die Aufmerksamkeit von unserer Horror-Show abwenden. Wollen wir es einmal zusammen ausprobieren? Ich verspreche, du musst nicht die Lotusposition einnehmen oder wie auch immer der Meditations-Schneidersitz heißt. Für mich sah das Meditieren anderer immer unglaublich friedlich aus, aber sobald ich mich in den Schneidersitz begebe, erinnere ich mich wieder, warum ich nie rhythmische Sportgymnastik machen wollte. Ich kann zwar noch einigermaßen kopfüber an der Pole-Dance-Stange hängen, doch langes Sitzen im Yoga-Schneidersitz ist für mich die Hölle. Von einem friedlichen Gesichtsausdruck kann da leider nicht wirklich die Rede sein.

## Gegenmittel 11

Wenn wir uns vor etwas ganz besonders sträuben oder Angst haben, dann sollten wir es erst recht ausprobieren. »Unsere Exstase liegt immer hinter unserer Angst.« Daher ist es sinnvoll, die Sache mit der Stille einfach mal auszuprobieren, indem man mit Meditation beginnt oder mal ein Wochenende in Stille verbringt. Es gibt Kloster, Ashrams oder Ähnliches, die über das Wochenende Räume zur Stille anbieten.

### Meditation

Sitzt du gern im Schneidersitz, kannst du dich selbstverständlich so hinsetzen. Allen anderen empfehle ich das Sitzen auf einem Stuhl mit geradem Rücken, die Beine stehen im rechten Winkel, die Fußsohlen sind mit dem Boden verankert. Du kannst auch sehr gut im Liegen meditieren, allerdings empfehle ich, den Kopf etwas abzustützen, damit du nicht direkt einschläfst. Die Meditation im Liegen finde ich besonders morgens nach dem Aufwachen sehr angenehm.

Atme nun einmal ganz tief ein und wieder aus.

Hole noch ein paar Mal etwas tiefer Luft, schließe dann die Augen und lenke deine Aufmerksamkeit auf deine Nasenspitze. Bei jedem Einatmen versuchst du, die kühle, kleine Brise des Lufteinzugs an den Nasenlöchern zu spüren, bei der Ausatmung fließt angewärmte Luft durch deine Nase nach draußen. Wenn man eine eher flache Nase hat, dann hilft es, sich auf den Bereich zwischen Nasen und Lippen zu konzentrieren. Anfangs fällt einem das Fühlen häufig noch sehr schwer; daher hilft es, wenn man die beiden Bereiche mit etwas Wasser benetzt. So kann man den Luftzug beim Ein- und Ausatmen besser und intensiver spüren. Mit der Zeit wird dies einfacher.

Am besten stellst du dir einen Wecker auf fünf bis zehn Minuten und versuchst, auch so lange durchzuhalten. Ich glaube, viele Menschen sind vom Meditieren schnell demotiviert, weil sie denken, dass sie gleich zu Beginn mindestens eine halbe Stunde lang stillsitzen müssen. Aber das muss man gar nicht. Gerade am Anfang geht es erst einmal darum, die Technik zu lernen und sich daran zu gewöhnen, auf die eigene Atmung zu achten. Das ist schon schwer genug. Je häufiger man dann meditiert, umso leichter wird es. Dennoch gibt es auch bei den Profis immer wieder Momente, in denen ihnen die Konzentration schwererfällt. Jeder Tag ist anders und es kommt immer darauf an, wie sehr unser Kopf mit Gedanken und Sorgen gefüllt ist.

Atme tief ein und wieder aus. Immer, wenn du merkst, dass deine Gedanken kreisen, lenkst du deine Aufmerksamkeit zurück auf deine Nasenflügel oder auf den Zwischenraum zwischen Nase und Lippen. Wie fühlt es sich an? Einatmen – vielleicht ein kühles Kitzeln. Ausatmen – vielleicht nur ein sehr schwaches Gefühl. Bleib dabei, egal wie oft deine Gedanken abdriften. Mit jedem Atemzug wirst du Stück für Stück ein wenig ruhiger.

Lade dir am besten auch gleich meine eigens dafür produzierte geleitete Vipassana-Meditation über diesen Link hier runter: https://patriciafranke.com/de/deine-freebies/

Ich weiß genau, wie schwer es oft ist, zu meditieren, doch ich kann dir versichern, dass es leichter wird und dein Leben verändern kann, wenn du es zulässt.

Für mich ist seit meinen Besuchen im Retreat unglaublich viel passiert. Wann immer ich tiefe Fragen in meinem Leben habe, stelle ich sie mir, bevor ich mich zum Meditieren hinsetze. Nicht immer erhalte ich die Antworten sofort, doch innerhalb der nächsten Tage bekomme ich meist einen Geistesblitz, eine leuchtende Idee, der ich unbedingt nachgehen möchte.

Der amerikanische Motivationsspeaker Dr. Wayne Dyer nennt dies »inpired action« – inspirierte Aktion. Sobald wir diese Geistesblitze erfahren, sind sie eine Nachricht aus unserem tiefsten Inneren, die uns helfen will. Die Frage ist nur, ob du auch wirklich hinhörst und danach agierst.

Regelmäßiges Meditieren hilft dir, noch tiefer in dein Inneres zu horchen und noch öfter diese sogenannten Geistesblitze zu erfahren. Also, worauf wartest du noch?

## Fazit

Die meisten Menschen haben Angst vor ihrer eigenen Stille, da nun die persönliche Horror-Show besonders laut zu hören ist. Wenn wir uns unseren Gedanken stellen und begreifen, dass sie meist nicht real sind, und wir das Bewusstsein dahinter sind, dann haben wir eine Chance, herauszufinden, wer wir wirklich sind. Wir müssen uns auf einmal nicht mehr mit dem Gedankenkarussell identifizieren und auf alles eingehen, was in unserem Kopf vor sich geht. Wir begreifen, dass wir entscheiden können, was wir denken, da wir die Kraft hinter unseren Gedanken sind. Zusätzlich erlauben wir unserer Intuition zu sprechen, wenn wir die Horror-Show auf minimale Lautstärke runterdrehen.

»Aber Patricia, ich mag Musik total gerne und finde es langweilig, wenn alles um mich herum still ist.« Diesen Satz höre ich oft von meinen Klienten und auch ich habe ihn zu Beginn eines Retreats oft genug gesagt. Als ehemalige Tänzerin und ausgebildete Sängerin hat Musik schon immer einen großen Stellenwert in meinem Leben gehabt. Ein Leben ohne kann ich mir nicht vorstellen und das muss man ja auch gar nicht. Nur weil wir der Stille mehr Platz in unser Leben einräumen, heißt das ja nicht, dass wir nur noch alleine in einem verdunkelten Zimmer rumsitzen. Meditieren bedeutet, zu sich zurückzukehren, und nicht, sich aufzugeben. Musik ohne eine Unterbrechung durch Stille wirkt nicht mehr betörend, sondern irgendwann anstrengend. Und so geht es auch hier wieder darum, die für dich richtige Balance zu finden. Wenn du dir regelmäßig in Stille begegnest, hilft dir das, dich besser kennenzulernen, und trainiert dich darauf, mit den Stürmen des Lebens besser umzugehen. Ich möchte dir hier noch eine weitere Übung mitgeben:

## Dein persönlicher Tempel der Stille

Stell dir deinen eigenen, persönlichen Tempel vor. Vielleicht hast du bereits ein Bild von einem im Kopf, den du selbst besucht hast, oder du erfindest einfach einen neuen. Es ist dabei völlig egal, wie er aussieht und wo er steht. Wichtig ist nur, dass dies dein Tempel der Stille ist, in den du dich zu jeder Zeit zurückziehen kannst, wenn du Kraft tanken möchtest oder eine Entscheidung fällen musst. Je mehr du dir diesen Tempel anschaust und ihn visualisierst, umso größer und einprägsamer wird er für dich. Sobald du in einer Situation bist, in der du dich kurz zurückziehen möchtest, kannst du dir jederzeit vorstellen, wie du in diesen Tempel einkehrst und deine innere Stille genießen kannst. Dieser Tempel ist für dich ein Ort, an dem es kein Selbstmitleid, keinen Frust, keine Ablenkung oder keine Angst gibt. Hier herrscht einfach nur ein stilles Vakuum, in dem du zur Ruhe kommst und Fragen stellen darfst. Manchmal kommen die Antworten ganz schnell und manchmal dauert es etwas. Aber du wirst deine

Antworten erhalten und du wirst sie auch definitiv hören. Was du dann damit machst, obliegt dir.

Für mich ist dieser innere Raum der Stille unsere Wahrhaftigkeit. In ihm finden wir uns mit unserer Authentizität, unserem Glück, unserem inneren Frieden wieder. Mit etwas Training wird es immer leichter für dich, ihn zu betreten und nach den Antworten mit »inspirierten Aktionen« zu handeln.

— **»Du trägst alle Antworten bereits in dir. Sobald du die richtigen Fragen stellst, höre ganz genau hin und sie werden dir beantwortet.«** —

## Deine Notizen

Was empfindest du bei dem Gedanken an totale Stille?

....................................................................................

....................................................................................

....................................................................................

Wovor hast du am meisten Angst?

....................................................................................

....................................................................................

....................................................................................

Wann kannst du dir regelmäßige Zeiten zum Meditieren einräumen?

....................................................................................

....................................................................................

....................................................................................

Welche Fragen hast du an deine innere Stimme?

....................................................................................

....................................................................................

....................................................................................

Wie wirst du mit inspirierter Aktion umgehen?

....................................................................................

....................................................................................

....................................................................................

Was kannst du bereits heute tun, damit es dir besser geht?

....................................................................................

....................................................................................

....................................................................................

# RECAP Kapitel 11

- Laute und temperamentvolle Menschen habe oft ***Angst vor der eigenen Stille*** und überspielen sie mit besonders guter Laune.
- Oftmals scheuen wir uns davor, keine Geräuschkulisse im Leben zu haben – ständig läuft das Radio oder der Fernseher, da wir meist Angst haben vor unserer eigenen Stille.
- Nicht ohne Grund wird Stille oft als Foltermittel eingesetzt, denn auf einmal sitzen wir in unserem eigenen Gedankenkarussell und unsere Horror-Show dröhnt mit voller Lautstärke.
- Je besser du deinen ***Atem kontrollieren*** kannst, umso eher hast du inneren Frieden.
- Die Erfahrungen, die man in einem Meditations-Retreat machen kann, sind fast nicht in Worte zu fassen. Mein Körper fühlte sich so an, als würde er von innen vibrieren.
- Wir haben in erster Linie ***Angst vor unserer eigenen Horror-Show***, die uns stets eintrichtert, nicht gut genug zu sein.
- Deine persönliche Vipassana-Meditation und die Übung »Dein Tempel der Stille«.
- Im ***Raum unserer Stille*** finden wir unsere Wahrhaftigkeit und wir können uns leichter einer inspirierten Aktion hingeben.

# Authen-tizitäts-killer 12

# Den Tod fürchten

— »Den Tod fürchten die am wenigsten, deren Leben den meisten Wert hat.« —

Immanuel Kant

In dem Roman »Café am Rande der Welt« von John Strelecky trifft der Protagonist während seiner langen Autofahrt auf das Café der Fragen. Nachdem er sich bereits vor Stunden verfahren hat und endlich in dem Lokal einkehren kann, bekommt er hungrig und erschöpft die Speisekarte gereicht. Nach gründlichem Studieren fallen ihm dort direkt Fragen auf, die auf der Karte oberhalb der Gerichte notiert sind. »Warum bist du hier?« und »Hast du Angst vor dem Tod?« Schnell ist klar, dass sich das Buch mit den großen Fragen des Lebens beschäftigt.

Es beginnt ein Dialog zwischen dem Cafébesitzer, einem weiteren Gast und dem Neuling. Das Gespräch vertieft sich immer mehr und am Ende wird dem Protagonisten klar, dass die meisten von uns nur Angst vor dem Tod haben, wenn sie die Antwort auf ihr persönliches »Warum« nicht kennengelernt haben. Es ist nicht verwunderlich, dass das »Café am Rande der Welt« zu einem Weltbestseller wurde, da es mit scheinbarer Leichtigkeit ein so wichtiges Thema behandelt, das jeder von uns in sich trägt.

Ich hatte bisher wenig Gelegenheiten, mit dem Tod in Berührung zu kommen. Eines Tages erhielt ich die Diagnose 1. Stadium Gebärmutterhalskrebs, die mir kurzzeitig den Atem stocken ließ. Doch genauso schnell, wie ich diese Diagnose bekam, genauso schnell war ich auch genesen, sodass ich mich nie wirklich bedroht gefühlt hatte.

Die erste richtige Begegnung war der Tod meiner Oma vor einigen Jahren. Ich erinnere mich noch, dass meine Mutter die Sommerferien in Warschau verbrachte. Meiner Oma ging es trotz ihres Alters relativ gut, bis eines Morgens der Anruf kam, dass sie ins Krankenhaus gebracht worden war und ihr Zustand sich rapide verschlechterte. Ich sprang also in den nächsten Flieger und schaffte es gerade noch, mich von ihr zu verabschieden. Die Zeit, die ich auf der Intensivstation mit ihr verbrachte, war kurz, aber intensiv. Meine Oma lag bereits in einem künstlich hervorgerufenen Koma, überall ächzten die Schläuche, die Geräte gaben komische Geräusche von sich, doch von Lebendigkeit war keine Spur mehr zu sehen. Dennoch hatte ich das Gefühl, dass meine Oma alles verstand, was ich ihr in den letzten Atemzügen sagte. Es war, als hätten ihre Augenlider genau in den Momenten geflattert, in dem ich sie auf die Diskrepanzen innerhalb der Familie ansprach und ihr vermittelte, dass ich verstand, woher diese rührten. Es wirkte fast so, als nehme sie ihre letzten Atemzüge mit Erleichterung, da nun alle letzten Geheimnisse offen und ohne Bewertung angesprochen wurden. Sie hatte endlich Frieden und es fühlte sich so an, als sei sie nun, nachdem alles geklärt war, bereit zu gehen.

Unter Umständen entspricht dies zu einem großen Teil meiner persönlichen Einbildung – das gebe ich zu. Und dennoch hat diese Erfahrung mit dem Tod eine Tür in mir geöffnet, die mich neugierig gemacht hat. Diese Neugier wurde unterstützt durch meine Erfahrungen im Meditations-Retreat, in dem aufgrund der buddhistischen Lehre sehr viel und offen über den Tod gesprochen wird. Eine Geschichte, die ich dort in den täglichen Vorträgen hörte, habe ich regelmäßig im Ohr. Es ging hierbei um einen Studenten des Buddha, der Schwierigkeiten hatte zu verstehen, dass nichts in der Welt konstant ist. Der Buddhismus lehrt, dass wir Menschen leiden, weil wir uns an das Konstante festklammern, statt zu verstehen, dass nichts im Leben ewig ist. Wir verändern uns von Moment zu Moment. Das gesamte

Universum ist permanent in Bewegung. Das erklärt auch, warum man in tiefer Meditation das Gefühl hat, innerlich zu vibrieren. Die Sinne sind so geschärft, dass wir uns als bewegende Atome wahrnehmen. Klingt verrückt? Das dachte ich auch, bis ich diese Erfahrung selbst gemacht habe.

Der Student jedenfalls konnte während des Meditierens seinen Kopf nicht richtig ausschalten und dachte mehr darüber nach, was es bedeutet, vergänglich zu sein, als darüber, was Buddha ihn lehrte. Daraufhin schickte Buddha seinen Studenten auf einen Friedhof und instruierte ihn, direkt zwischen den Grabsteinen zu meditieren. Dies tat der Student auch, und während er dort für einige Wochen saß, erlebte er verschiedene Beerdigungen und alle zeigten: Wir Menschen sind vergänglich. Bei den Feierlichkeiten sah er die traurigen Familien, die zusammenkamen, um das Leben des Verstorbenen zu verabschieden und zu ehren. Er meditierte, bis er in seinen Meditationsträumen bis unter die Erde blicken konnte und dort die zersetzen Körper sah, die sich wieder in Erde verwandelten. Ein ewiger Kreislauf. Nichts bleibt so, wie es ist.

Mich hat diese Geschichte tief berührt, denn mein Opa hatte mir schon sehr früh in meinem Leben die Frage gestellt: »Was wäre, wenn du heute stirbst?« Nun wäre dies vermutlich für die meisten Helikopter-Eltern ein Grund, Opa nach solch einer morbiden Aussage direkt aus der Familie zu verstoßen, aber schauen wir uns die Thematik mal genauer an: Warum haben wir vor solch einer Frage so viel Angst und warum ist der Tod für die meisten Menschen noch immer ein Tabu-Thema?

Mich hat diese Frage sehr geprägt, denn immer, wenn ich vor etwas unglaublich Angst habe und den letzten nötigen Motivationsschub brauche, dann frage ich mich: »Was wäre, wenn du heute stirbst?« Was wäre dann? Hätte ich alles gemacht, was ich machen wollte? Hätte ich alles geklärt? Hätte ich genug vergeben?

Oft reichen mir diese Fragen, um die Angst zu überwinden und einfach das zu machen, was mein Herz mir in dem Moment sagt.

Mit den Jahren ist noch eine weitere Frage dazugekommen: »Habe ich genug gelebt?«

Wenn ich heute gehen müsste, wäre das dann okay für mich? Diese Frage hat mit Dankbarkeit zu tun und wir können sie nur positiv beantworten, wenn wir das, was wir bereits haben und erlebt haben, auch wertschätzen können. Mir war das nie so bewusst, bis ich begann, mich mit Psychologie und Persönlichkeitsentwicklung zu befassen.

Mein Opa war ein einfacher Mann aus Polen, der beide Weltkriege und ihre Auswirkungen hautnah miterlebt hat. Die Frage, die er mir für mein Leben mitgab, hat mich für immer geprägt und ich bin ihm ewig dankbar dafür, denn meine Antwort auf diese zweite Frage lautet immer: »Ja, habe ich.«

Und wie sieht das bei dir aus?

Immer wieder bin ich darüber erstaunt, wie wenig wir in unserer Gesellschaft über den Tod sprechen. Natürlich ist es mit Trauer verbunden, wenn wir einen geliebten Menschen verlieren. Doch gehört der Tod genauso dazu wie die Geburt.

Die Mutter eines türkischen Kollegen von mir sagte einmal: »Wir sollen die Toten nicht betrauern, sondern sie ehren, wenn sie noch am Leben sind.« Wie oft tun wir dies wirklich und wie oft sind wir vom Tod einfach überrascht? Deshalb noch einmal meine Frage an dich: »Was wäre, wenn du heute stirbst?« Vielleicht schockiert dich die Frage auch ein wenig, doch ich empfehle dir von Herzen, sie auf dich wirken zu lassen. Denn sie und ihre Antwort machen unser Leben noch lebenswerter, noch intensiver und lassen uns Entscheidungen treffen, die wir sonst vielleicht nie treffen würden.

Das Thema »Tod« hat vermutlich aufgrund der Fragestellung meines Opas schon immer mein Interesse geweckt und so war es für mich natürlich, ehrenamtlich in einem Hospiz auszuhelfen. Ich gebe zu, dass es viele Anläufe gab, bis ich mich tatsächlich dazu durchgerungen hatte. Was ich dort für mich erlebte und immer noch erlebe, ist eine Mischung aus Trauer, Respekt und Verwunderung. So viele Menschen gehen von dieser Welt, ohne sich jemals diese eine Frage gestellt zu haben. Sie halten krampfhaft fest an den letzten Atemzügen und wollen einfach nicht gehen. Sie sind mit allem, was in ihrem Leben widerfahren ist, überfordert und weigern sich nach wie vor, sich mit sich selbst zu befassen. Es macht ihr Leiden dadurch natürlich noch schlimmer.

Aber es gibt auch die Menschen, die wissen, dass es so weit ist und die damit im Frieden sind. Das sind diejenigen, die nicht mehr bedauern und dankbar sind für die zum Teil nur kurze Zeit, die sie auf unserer Welt hatten.

Ich möchte hier noch kurz von zwei Gästen aus dem Hospiz erzählen, die die beiden Szenarien etwas anschaulicher und hoffentlich verständlicher darstellen. Vorweg noch kurz zur Erklärung: Im Hospiz spricht man nicht von Patienten, sondern von Gästen. Diese Formulierung ist mit unglaublich viel Wertschätzung verbunden, genau wie die liebevolle und beinah aufopferungsvolle Tätigkeit der Mitarbeiter.

Gast A, ich nenne sie jetzt einfach mal Marina, ist mit »jungen« 56 Jahren als Gast ins Hospiz gekommen. Ihr Körper ist von diversen Krebsformen zerfressen. Sie sitzt in gebeugter Haltung in einem Rollstuhl vor mir und klammert sich an ihrer Zigarette fest. Wir sprechen über ihr Leben und was sie heute noch bewegt. Marina spricht fast ausschließlich über ihren vor zwei Jahren verstorbenen Vater. Sie erzählt mir ausführlich, wie sehr er unter dem Krebs gelitten hat, der nun auch ihr am meisten zu schaffen macht: Lungenkrebs. Wenn ich sie auf ihr eigenes Leben anspreche, erzählt sie kaum etwas. Sie ist nur bei ihrem Vater und seinem Leiden. Ab und zu vermerkt sie, dass sie weiß, dass sie bald sterben wird, doch sie sagt das stets so, als könne sie es kaum glauben. Sie weigert sich förmlich, es zu akzeptieren, und auch sonst wirkt sie wie jemand, der sich noch nie mit sich selbst befasst hat. Immer für andere da gewesen, die eigene Existenz nicht wirklich existent. »Das ist leider für viele Menschen sehr üblich«, sagt mir die hauseigene Psychologin. »Es ist so, als ob das ganze Leben noch einmal mit Knall und Fall auf einen runterprasselt und die Sterbenden traumatisiert. Denn jetzt haben sie die Zeit und das Wissen, dass das eigene Leben nicht mehr lange währt.« Je länger ich Marina und ähnliche Gäste beobachte, umso mehr ergibt dies Sinn. Wenn wir uns unser gesamtes Leben gegen unser Inneres, unsere Gefühle und unsere Wünsche wehren, dann ist es nicht verwunderlich, dass gerade in der Endphase alles noch einmal so richtig zusammenkommt. Viele Psychologen, die in einem Hospiz arbeiten, sind auf Traumatherapie spezialisiert, denn die Sterbenden, zu denen Marina gehört, sind während ihrer letzten Atemzüge schwerst traumatisiert.

In die andere Kategorie fällt Simone (Name aus Respekt verändert). Sie ist Mitte 60 und leidet seit geraumer Zeit an einem Gehirntumor. Bis vor Kurzem konnte sie sich noch selbstständig fortbewegen, doch in den letzten Wochen wurde es immer schwieriger. Aber Simone lässt sich davon nicht beirren. Mit einer scheinbar unermüdlichen Lebensfreude erzählt sie mir von ihrem gestrigen Ausflug in eine Sporthalle mit dem medizinischen Notdienst. »Das hat mich zwar 70 € gekostet und mir enorm viel Kraft geraubt, doch es war jeden Cent und jede heutige Müdigkeit wert!« Simone war vor ihrer Krankheit Sporttrainerin und noch heute fiebert sie bei den Wettkämpfen, Trainings und Leistungen ihrer meist jungen Schützlinge mit. »Die haben doch gestern für den Wettkampf trainiert! Das musste ich mir doch ansehen und dabei sein!« Es sei vermerkt, dass Simone kaum mehr richtig sehen kann, da der Tumor in ihrem so spritzigen Gehirn mittlerweile zu groß geworden ist. Auf ihre tödliche Krankheit angesprochen wird Simone ruhig und kann mit klarer, fester Stimme ehrlich dazu stehen. »Gehen möchte ich nicht – das ist ja klar. Aber was soll ich machen? Wenigstens kann ich sagen, dass ich nichts bereue und mein Leben sehr genossen habe. Das ist doch schon mal etwas, oder?«

Das ist doch schon ganz schön viel, wie ich finde. Simone gehört zu den Menschen, die zwar auch nicht weniger Angst als andere haben zu sterben und die es sicherlich auch nicht immer leicht in ihrem Leben hatten, doch sie stehen zu sich und ihrem Leben. Sie haben es geliebt zu leben und das Leben so genommen, wie es kam, mit allen Höhen und Tiefen. Den Regen akzeptiert und im Regenbogen getanzt. Sie fielen hin und standen wieder auf. Immer und immer wieder, ohne sich zu beschweren, ohne das Leben persönlich zu nehmen und immer in Respekt zu ihren Gefühlen – positive wie negative.

Vielleicht fragst du dich jetzt, wie die prozentuale Verteilung dieser Kategorien von Menschen ist. Was schätzt du denn? Den genauen Wert kann ich dir nicht nennen, doch es überwiegt ganz klar die Kategorie, zu der Marina gehört. Die meisten von uns haben leider viel zu viel Angst vor sich selbst und dem, was in ihnen passiert.

Beide dieser Erfahrungen berühren mich sehr und vermutlich bin ich auch deshalb so dankbar für die Zeit, in der ich im Hospiz aushelfen kann, da ich so viel davon lerne. Ich habe Hochachtung vor den Menschen, die dort in Vollzeit arbeiten und mit der Trauer der Gäste und deren Familien Tag für Tag mit unglaublich viel Geduld und Liebe umgehen. Wie sie es schaffen, einen Ort zu gestalten, an dem man sich trotz der Tristesse wohlfühlen kann und an dem auch viel gelacht wird.

> **»Der Tod lehrt uns alles, was wir im Leben brauchen.«**
> **Patricia Franke**

Ich glaube, die meisten von uns spüren instinktiv, wann es vorbei ist. Bei meiner Oma war es auch so. An einem letzten Familientreffen sprach sie auf einmal so, als wäre dies ihr letztes Treffen mit allen zusammen. Fünf Tage später verstarb sie.

Unser Leben ist ein wahres Geschenk. Wir kommen mit allem, was wir brauchen, auf diese Welt und verlieren vieles irgendwann durch Erziehung und das Eintauchen in unsere zivilisierte Gesellschaft. Ich denke, der Sinn des Lebens besteht darin, unsere verlorene Authentizität wieder in uns zu finden, um anderen als Beispiel damit den Weg zu leuchten.

## Gegenmittel 12

Die wichtigsten Hilfsmittel, um dir ein wenig die Angst vor dem Tod zu nehmen, habe ich dir ja bereits in der Form der Fragen mitgegeben. Was wäre, wenn du heute stirbst? Zusätzlich kann es dir helfen, dass du wie der buddhistische Mönch darüber nachdenkst, dass alles im Leben vergänglich ist.

### Akzeptiere, dass der Tod natürlich ist

Du musst jetzt nicht auf dem nächsten Friedhof meditieren, doch vielleicht inspiriert dich ein regelmäßiger Spaziergang dort. Eckart Tolle beschreibt die Vergänglichkeit in seinem Buch »Die Kraft des Jetzt« als ein Wiedersehen mit alten Bekannten, die wir jahrzehntelang nicht gesehen haben. Das kindliche Gesicht ist durch Falten ersetzt, der Körper älter, die Gespräche ruhiger. Nur der Blick auf alte Fotos hält noch die damalige Jugend fest in gestochen scharfen Bildern. Wir verändern uns alle permanent in jedem Moment. Nichts ist jetzt so, wie es eben noch war. Diese Erkenntnis kann uns beängstigen oder uns Mut machen. Wenn wir verstehen, dass wir uns sowieso verändern – dass dies die einzige Konstante im Leben ist –, dann lautet die Frage: Warum genießen wir nicht jeden Moment einfach so, wie er gerade ist? Denn das Ende erwartet jeden von uns.

### Zelebriere dein Leben

Je mehr du verinnerlichst, dass wir alle demselben Ziel entgegengehen, nämlich dem Tod, desto eher kannst du beginnen, dein Leben wirklich auszukosten. Wer sind die Menschen in deinem Leben, mit denen du dich wirklich umgeben willst, und wer schadet dir nur? Blättere gerne noch einmal zurück zu dem Kapitel über toxische Menschen (Seite 87).

Was sind die Dinge in deinem Leben, die dir überhaupt keinen Spaß machen? Was kannst du daran ändern? Und wie kannst du deine Einstellung dazu ändern?

Unser Leben ist kurz und oft nicht vorhersehbar. Welche Momente kannst du noch viel mehr genießen und zelebrieren?

## Sortiere dich

Dass meine Oma auf ihren Tod vorbereitet schien, hat mich beeindruckt und inspiriert. Als Buchhalterin war sie natürlich wahnsinnig gut strukturiert. Beim Durchgehen ihrer Sachen in ihrer Wohnung fanden wir ihre zurückgelegte Kleidung, die sie gerne bei ihrer Bestattung tragen wollte – inklusive einer Anleitung für Blumen und Co. Nun mag das ein wenig übertrieben sein, doch was steht zwischen den Zeilen? Wie sortiert sind wir wirklich? Haben wir gewissen Menschen bereits verziehen, haben wir das gesagt, was wir schon immer sagen wollen? Nein? Dann ist jetzt die Chance! Lieber heute, als wenn es später zu spät ist. Also nimm den Hörer in die Hand und ruf diejenigen an, die du liebst. Sag es ihnen oft und ständig. Verzeihe denjenigen, die dir wehgetan haben – gerne auch im Stillen, aber befreie dich von den »Was wäre, wenn« in deinem Leben, bevor es irgendwann zu spät ist. Das gibt einem eine unglaubliche Ruhe und Kraft.

## Finde Inspiration in Spiritualität und Religion

Tatsächlich haben meine Eltern bei ihrer Flucht aus dem Kommunismus nicht nur ihre polnische Staatsbürgerschaft hinter sich gelassen, sondern vor allem ihren katholischen Glauben bzw. dessen unterdrückende Indoktrinierung. Ich bin daher ohne jegliche religiösen Ambitionen aufgewachsen und das einzige Wissen darüber erhielt ich von meinen Religionslehrer. Ich erinnere mich noch daran, dass ich

Dutzende Daten auswendig lernen musste, doch was eigentlich hinter der Religion steht, nämlich der Zugang zur Spiritualität, habe ich erst viel später in meinem Leben gelernt. Ich bezeichne mich auch heute nicht als religiös und doch bin ich ein Anhänger der buddhistischen Lehre, die mir viel Einsicht in die Psyche des Menschseins ermöglichte. Daher empfehle ich, darin einzutauchen und neugierig zu sein, was andere Religionen oder spirituelle Lehrer über den Tod sagen. Eine Auflistung von interessanten Quellen findest du ganz hinten im Buch.

Auch in diesem Zusammenhang möchte ich dich noch einmal an die Worte meines Opas erinnern, gesprochen mit einem weichen polnischen Akzent und einem unwiderstehlichen Funkeln in den blassen blauen Augen: Was wäre, wenn du heute stirbst?

## Deine Notizen

Was wäre, wenn du heute stirbst?

.......................................................................................

.......................................................................................

.......................................................................................

Gehe tiefer in dich: Was wäre dann?

.......................................................................................

.......................................................................................

.......................................................................................

Hättest du alles gemacht, was du machen wolltest?

.......................................................................................

.......................................................................................

.......................................................................................

Hättest du alles geklärt?

.......................................................................................

.......................................................................................

.......................................................................................

Hättest du genug vergeben?

.......................................................................................

.......................................................................................

.......................................................................................

Hättest du genug gelebt?

.......................................................................................

.......................................................................................

.......................................................................................

Wofür kannst du heute dankbar sein?

.......................................................................................

.......................................................................................

.......................................................................................

# RECAP Kapitel 12

- Der Tod ist für uns alle von Bedeutung und entweder begegnen wir ihm mit Furcht oder Frieden.
- In der buddhistischen Lehre wird viel über den Tod gesprochen, da dieser als Vorbote dient, um zu begreifen, dass ***nichts in diesem Leben beständig*** ist.
- Mein Opa stellte mir schon früh im Leben die Frage: ***Was wäre, wenn du heute stirbst***?
- Heute würden viele Eltern solch eine morbide Frage verbieten, doch was, wenn sie eine der wichtigsten überhaupt im Leben ist?
- Diese Frage hilft, wenn man kurz davor ist, etwas aufzugeben, oder den nötigen Motivationsschub braucht.
- Hinzu kommen die Fragen: Hast du alles gemacht, was du machen wolltest? Hast du alles geklärt? Hast du genug vergeben? Hast du genug gelebt? Wie viel Dankbarkeit praktizierst du in deinem Leben? Und wir würdest du die Frage meines Opas beantworten?
- Wir sprechen in unserer Gesellschaft viel zu wenig über den Tod. Er wird beinah schon tabuisiert, dabei gehört er wie die Geburt zum Leben dazu.
- Für mich besteht der Sinn des Lebens darin, unsere ***verlorene Authentizität wieder in uns zu finden***, um anderen damit den Weg zu leuchten.
- Die Gegenmittel für die Angst vor dem Tod lauten:
  - Akzeptiere, dass der Tod natürlich ist;
  - Zelebriere dein Leben;
  - Sortiere dich;
  - Finde Inspiration in der Religion und der Spiritualität.

# Finale

# Let's get naked!

»Es bedarf Mut herauszufinden, wer man wirklich unter all den konditionierten Schichten ist. Doch wenn man es wirklich tut, findest man einen wahren Schatz: die eigene Wahrhaftigkeit. In diesem Sinne: let's get naked!«

Patricia Franke

Ich hatte es ja bereits am Anfang dieses Buches erwähnt: Ich verbinde Authentizität mit Nacktheit. Beides ist natürlich (wir sind so geboren) und beides ist auch oft verletzlich. Wer zeigt sich schon gerne vor Fremden einfach so nackt? Die meisten von uns schämen sich und fühlen sich gar nicht wohl. Genau dasselbe erleben wir, wenn wir uns wirklich authentisch zeigen wollen. Dann überwiegen in vielen Momenten die Verletzlichkeit und ein Abwägen: Darf ich oder darf ich nicht?

Ich habe in diesem Buch viele sogenannte Authentizitätskiller angesprochen und Hilfsmittel für sie angeboten. Wir alle begegnen dem einen oder anderen Killer in unserem Leben. In meinem Fall habe ich jeden einzelnen davon erlebt und vermutlich hat es mich aus meiner Unzulänglichkeit heraus genau in dieses Feld getrieben. Bei meinem TEDx-Talk »The Power of Nakedness« sagte mir mein Bühnen-Coach Katie damals: »People who want to save the world, want to save themselves.« (Menschen, die die Welt retten wollen, wollen sich auch selbst retten.) Ich glaube, an diesem Satz ist viel Wahres, denn nur wenn man selbst diese Erfahrungen machen und sich davon lösen kann, ist man bereit, sein Wissen mit anderen zu teilen. Daraus entstehen dann sogenannte Experten, denn sie sind nicht diejenigen, die schlau geboren wurden, sondern die, die erst zunächst das absolute Gegenteil davon waren und sich dessen immer bewusst sind.

In meiner Arbeit als Coachin und Speakerin benutze ich gerne den Spruch: »Let's get naked!« Wer sind wir wirklich unter all den konditionierten Schichten?

Als Babys kommen wir nackt auf die Welt und durch Erziehung werden wir mehr und mehr geprägt. Es gibt Studien darüber, dass diese Prägung bereits im Mutterleib beginnt. Wir lernen sehr viel über die Beziehung zu uns selbst durch unsere Mutter. Hat sie sich sehr geliebt, dann tun wir dies meist auch. Wenn sie mit sich selbst Probleme hatte, dann haben wir das meistens auch. Nicht, weil wir dies bereits in unserer Genetik tragen, sondern weil wir uns als Kinder alles abgucken. Wir sind wie ein kleiner Schwamm, der jeden Tropfen aufsaugt. Ich vergleiche dies auch gerne damit, dass wir uns mit jedem Abgucken eine neue Schicht über unsere Nacktheit ziehen. Am Ende laufen wir rum wie das dicke Michelin-Männchen, das gar nicht mehr so beweglich ist. Wir werden träge, schwerfällig und oft krank. In den verschiedenen Authentizitätskillern habe ich dir bereits die Folgen und Konsequenzen genannt.

Wenn wir wirklich bereit sind, nach innen zu schauen, müssen wir uns erst einmal bewusst werden, wofür wir eigentlich stehen.

## WELCHE WERTE HABEN WIR IN DEN EINZELNEN LEBENSBEREICHEN?

- Deine Beziehung zu dir – wie trittst du dem Leben entgegen?
- Deine Beziehungen zu anderen.
- Deine Gesundheit.
- Deine Berufung.

Diese vier Säulen sind dein Fundament, und bevor dir diese nicht wirklich zu 100% klar sind, wird es schwer, die richtigen Dinge in deinem Leben zu ändern.

Doch zurück zu den Werten. Ich empfehle, diese Übung regelmäßig zu machen und sich am besten die Liste mit Werten von meiner Homepage runterzuladen: https://patriciafranke.com/de/deine-freebies/.

In meinem TEDx-Talk »The Power of Nakedness« spreche ich darüber, was die Auseinandersetzung mit diesen vier Säulen mit mir gemacht hat. Für mich war die Frage nach meinen Werten eher etwas, das ich damals salopp anging. »Klar, Werte hat doch jeder. Hilf der alten Dame über die Straße. Iss nicht zu viel. Bring niemanden um, auch nicht deinen Chef oder Ehemann.« und so weiter.

Instinktiv habe ich schon viel nach meinen Werten in meinem Leben gelebt, sonst wäre ich nie als Showgirl auf der Bühne um die Welt getanzt. Musik und Tanzen standen schon immer ganz oben auf meiner Liste. Meine Zeit auf der Bühne war vor allem eines: die Befreiung von meiner Selbstkritik. Erst als ich mich meiner größten Herausforderung stellte –, meinen nackten Körper einem Publikum zu zeigen –, verlor ich meine Essstörung. Nun muss natürlich niemand zu so drastischen Maßnahmen greifen, ich folgte aber eben einfach meiner inneren, leisen Stimme. Sie hatte recht, wie immer.

## Deine Werte für deine vier Bereiche

### #Kick-Ass-Tipp Nr. 1

Wichtig ist, dass du diese Übung machst, ohne viel darüber nachzudenken. Kreise die Werte ein, die dich »magisch« anziehen. Jetzt hast

# Werte-Liste

Hier erhältst du eine Aufzählung von Werten. Kreise jeden Wert ein,
der dich anspricht und etwas in dir auslöst:

Harmonie – Freiheit – Verantwortung – Glück – Lust – Herzlichkeit –
Achtsamkeit – Mitgefühl – Sinn – Humor – Leichtigkeit – Freude –
Selbstbestimmung – Ruhe – Gelassenheit – Leidenschaft –
Offenheit – Loyalität – Natürlichkeit – Sicherheit – Spiritualität –
Gesundheit – Austausch – Nachhaltigkeit – Begeisterung – Frieden –
Toleranz – Tradition – Veränderung – Kompetenz – Genuss –
Kommunikation – Verbindlichkeit – Zuverlässigkeit – Ordnung –
Kreativität – Schönheit – Vitalität – Erfolg – Demut –
Dankbarkeit – Spielen – Tiefe – Entwicklung – Geborgenheit –
Akzeptanz – Toleranz – Kraft – Zärtlichkeit – Sinnlichkeit –
Lebenslust – Ästhetik – Vielfalt – Gelassenheit – Sportlichkeit –
Charisma – Häuslichkeit – Wissen – Einsicht – Engagement – Liebe –
Weisheit – Rücksicht – Aufregung – Lust – Flexibilität – Spaß –
Klarheit – Offenheit – Großzügigkeit – Präzision – Besonnenheit –
Glaubwürdigkeit – Beharrlichkeit – Ausdauer – Tradition – Heimat –
Weltbürger-Sein – Erfolg –Frohsinn – Leistung – Feiern –
Behutsamkeit – Effektivität – Effizienz – Bewusstheit – Hoffnung –
Optimismus – Abenteuer – Ehrlichkeit – Frieden –Verbundenheit –
Beweglichkeit – Vernetzung – Integration – Lebensfreude –
Weiterentwicklung – Schutz – Gemeinschaft – Zugehörigkeit –
Balance – Ausgeglichenheit – Sinnlichkeit – Gerechtigkeit –
Fröhlichkeit – Ernsthaftigkeit – Natürlichkeit – Klugheit –
Leidenschaft – Neugierde – Fantasie – Treue – Eins-Sein –
Herausforderung – Lachen – Besonnenheit – Geduld – Träumen –
Freundschaft – Eleganz – Wärme – Einzigartigkeit – Kultur – Ruhm –
Sozial-Sein – Würde – Gleichmut – Fairness – Stabilität –
Wertschätzung – Fairness – Sorgfalt – Bescheidenheit – Innovation –

Macht – Würde –Kompetenz – Hingabe – Unabhängigkeit – Integrität – Menschlichkeit – Güte – Wandel – Perfektion – Genialität – Zuversicht – Zuverlässigkeit – Beständigkeit – Achtung – Reichtum – Fülle – Abwechslung – Kreativität – Familie – Ausdauer – Antrieb – Begeisterung – Kunst – Musik – Sport – Behaglichkeit – Charme – Charisma – Coolness – Direktheit – Transparenz – Ehrgeiz – Dienst – Disziplin – Entspanntheit – Furchtlosigkeit – Frohsinn – Genuss – Gelassenheit – Treue – Güte – Kongruenz – Herz – Loyalität – Kühnheit – Originalität – Perfektion – Offenheit – Internationalität – Neugier – Philanthropie – Ordnung – Reflexion – Pragmatismus – Reife – Reichhaltigkeit – Nachhaltigkeit – Revolution – Schönheit – Seele – Selbstlosigkeit – Selbstbeherrschung – Selbstvertrauen – Selbstwert – Selbstliebe – Sexualität – Sinnhaftigkeit – Struktur – Stille – Zeitmanagement – Tapferkeit – Unabhängigkeit – Überfluss – Verbindung – Vermögen – Verbindlichkeit – Wahrhaftigkeit – Vernunft – Gesundheit – Heilung – Vielfalt – Wohlstand – Zuneigung – Zugehörigkeit – Zusammensein – Zufriedenheit – Ziele – Wunder – Würde – Welt – …

Vielleicht fallen dir noch Werte ein, die nicht auf dieser Liste stehen, dann ergänze sie ruhig.

du vermutlich eine lange Liste an Werten und fragst dich: »Na toll, und jetzt?« Geduld stand wahrscheinlich nicht auf deiner Liste, oder? Auf meiner leider auch nicht ;-)

### BERUF/JOB/BERUFUNG

........................................................................................................................

........................................................................................................................

### GESUNDHEIT

........................................................................................................................

........................................................................................................................

### DEINE BEZIEHUNG ZU DIR/PERSÖNLICHKEIT

........................................................................................................................

........................................................................................................................

### DEINE BEZIEHUNGEN ZU ANDEREN

........................................................................................................................

........................................................................................................................

## #Kick-Ass-Tipp Nr. 2

Nun geht es ans Eingemachte. Im nächsten Schritt sortierst du deine Werte und suchst dir jeweils 10 bis 15 für die vier verschiedenen Bereiche deines Lebens aus. Ich nenne diese:

Persönlichkeit | Beziehungen | Job/Berufung | Gesundheit

Du wirst sehen, manche Werte wiederholen sich und manchmal sind sie ganz verschieden. Nur weil wir beispielsweise in Beziehungen Ruhe und Harmonie brauchen, muss das nicht auch im Job so sein – da kann Adrenalin gefragt sein oder umgekehrt. Das Schöne ist: Du bestimmst dein Leben und du bist deine eigene Super-Power!

Nun nimmst du dir einen der vier Bereiche vor und kreist jedes Wort ein, das du damit verbindest und das etwas in dir auslöst. Am

Ende reduzierst du die einzelnen Wörter, bis du pro Bereich nur noch zehn hast. Dann reduzierst du noch ein letztes Mal, bis nur noch fünf pro Bereich übrig sind. Wichtig ist, dass du intuitiv das auswählst, was sich am besten anfühlt. Am Ende hast du für jeden deiner vier Bereiche deine Kernwerte.

Nun wird es noch spannender, denn nun sind Mut und Ehrlichkeit gefragt. Wie sieht es denn in deinem Leben gerade aus? Stimmt dein Leben mit deinen Werten überein und, wenn nicht, was nun? Keine Sorge – I got you covered.

Lass uns einmal alles zusammenfassen:

---

### MEINE TOP-WERTE

..............................................................................................................

..............................................................................................................

### IN WELCHEM BEREICH PASST ES SCHON?

..............................................................................................................

..............................................................................................................

### WO PASST ES NOCH NICHT?

..............................................................................................................

..............................................................................................................

### WAS MUSS ICH ÄNDERN, DAMIT ES PASST?

..............................................................................................................

..............................................................................................................

Bevor du in Panik verfällst, sollte sich dein Leben in vielen Bereichen noch nicht mit deinen Werten decken, darf ich dich beruhigen. Das ist völlig okay, vielleicht müssen wir noch einmal genau draufschauen. Vielleicht bist du mit deinem aktuellen Job unzufrieden, weil du etwas völlig anderes machst, als du wirklich willst. Ich habe zum Beispiel eine Zeit lang als Key Account Managerin Bier verkauft. Ja, Bier! Und das, obwohl ich nicht einmal gerne Bier trinke. Aber der

Job war aus folgenden Gründen auch gut für mich: Ich war unter 100 männlichen Kollegen die erste Frau im Vertrieb (und konnte dazu noch mein damals riesiges Ego befriedigen) und konnte vieles für mich lernen. Unter anderem, dass Frauen definitiv die besseren Verkäufer sind. Und am Ende zahlte dieser Job meine Rechnungen und bot mir aufgrund der Position im Außendienst viel Freiheit. Dies wurde mir erst so richtig bewusst, nachdem ich meine eigene Werteanalyse fertiggestellt hatte und feststellte, das mein Bier-Job einige Werte enthielt, die mir im Berufsleben wichtig waren: unter anderem Freiheit!

Als letzten #Kick-Ass-Tipp empfehle ich dir, das, was du über dich herausgefunden hast, in To-dos zu formulieren. Zum Beispiel: Mein Job ist voll doof, ich möchte etwas Kreativeres machen. To-do: Ich informiere mich innerhalb meiner Arbeit und meines Netzwerks über andere Möglichkeiten. Vielleicht gucke ich auch nach einer Umschulungsmaßnahme und befrage Menschen, die bereits in diesem Bereich arbeiten, um herauszufinden, ob diese neue Sparte wirklich etwas für mich ist. Deine Top-Werte und To-dos klebst du dir überall hin, wo du sie gut sehen kannst. Im Büro, im Auto, zu Hause, im Kleiderschrank oder du steckst den Zettel in dein Portemonnaie, in deine Tasche oder wo auch immer er dir immer auffallen wird. Je mehr unser Fokus auf etwas gerichtet ist, umso eher kommt dieser auch in die Realität!

Auch hier empfehle ich, dir Zeit damit zu lassen und diese Übung nicht einfach husch, husch zu erledigen. Oft hilft es auch, wenn wir uns diese Fragen kurz vor dem Schlafengehen stellen: »Was sind meine Werte für diesen Bereich?« Das Erste, was dir am nächsten Tag einfällt, schreibst du direkt auf. Wenn du diese Auflistung hast, kommt die wichtigste Frage: Lebst du denn auch danach? Hier kommt für viele dann der erste Aha-Moment. Entweder, das Leben braucht eine Rundum-Erneuerung oder man stellt fest, dass vieles bereits schon so ist, wie man es für sich richtig findet. Nur leider orientieren wir uns ja so gerne an anderen und finden unser Leben dann plötzlich nicht mehr gut genug oder wir lassen uns von den Medien beeinflussen. Denn obwohl wir alle authentisch und voller Selbstliebe geboren werden, fühlen wir uns irgendwann einfach nicht mehr gut genug. Ständig fühlen wir diese Leere, die wir versuchen zu füllen. Genau hier hat die Werbung ihre größte Trumpfkarte. Sie spielt mit unserem Gefühl, nie gut genug zu sein, und erst wenn wir dies oder jenes gekauft haben, werden wir uns endlich glücklich und zufrieden fühlen. Doch wenn wir uns wirklich mit unseren Werten befassen und sie ernst nehmen, hat keiner mehr die Macht, uns unser Glück, mit dem wir bereits geboren wurden, wegzunehmen.

**LET'S GET NAKED!** Schau unter deine Schichten und mach dir bewusst, wie du dein Leben lang konditioniert wurdest und was wirklich unter deinen Schichten liegt. Schau dir kleine Kinder an. Bis wir etwa sechs Jahre alt sind, sind wir am natürlichsten. Wir schämen uns noch nicht, wenn wir nackt am Strand rumlaufen, und wir sind euphorisch und möchten überall dabei sein. Ab dem siebten Lebensjahr ändert sich das langsam. Wir passen uns immer mehr an und ziehen uns die verschiedenen Nachrichten aus Elternhaus, Kindergarten und Schule als eine Schicht an. Ganz kleine Kinder leben die Authentizitätskiller instinktiv. Das heißt, auch du weißt, wie man authentisch lebt, nur hast du dich über die Jahre angepasst und dir vieles abgeguckt.

Ich finde diesen Gedanken beruhigend, denn er bedeutet, dass wir dieses Gefühl der Wahrhaftigkeit jederzeit in uns aktivieren können. Die jeweiligen Hilfsmittel habe ich dir mitgegeben. Als letzte Übung in diesem Buch möchte ich dir noch meine VAV-Methode ans Herz legen.

# Die VAV-Methode

**»Rache und Ärger sind wie Gift, das wir trinken in der Hoffnung, dass die andere Person stirbt.«**

**Nelson Mandela**

Dieses letzte Kapitel möchte ich der VAV-Methode widmen, denn sie hilft dir, die letzte Schicht abzulegen und in deine eigene Authentizität zu treten. Wie bereits im Kapitel zur Opferrolle geschrieben, befinden sich viele von uns in der Rolle der Schuldzuweisung. Dies passiert ganz oft, wenn wir uns das erste Mal intensiv mit unserer eigenen, persönlichen Entwicklung konfrontieren. Dafür habe ich die VAV-Methode entwickelt. Sie gliedert sich in drei Stufen.

## Verstehen – Akzeptieren – Verzeihen

V: Am Anfang steht immer, dass wir mit der Taschenlampe unter unser Bett auf die versteckten Wollmäuse leuchten, die uns Unbehagen bereiten. Was genau liegt da und inwieweit wirkt sich das auf unser Leben aus?

Zum Beispiel: Was läuft in deinem Leben nicht immer optimal? Gibt es Muster, die immer wiederkehren? Nicht funktionierende Beziehungen, mangelndes Selbstwertgefühl, chronische Krankheiten?

Sei 100% ehrlich zu dir. Schreib dir auf, was noch nicht so richtig gut funktioniert und immer wiederkehrt.

Im nächsten Schritt fragst du dich, woher das genau kommt. Kindheit, Erziehung, Erlebnisse, Erfahrungen etc.? Hier geht es nicht um Schuldzuweisungen oder Rechtfertigungen, sondern um eine reine, möglichst neutrale Beobachtung. Ja, ich weiß, dass das oft schwerfällt, doch versuch es einfach. Manchmal hilft es, wenn wir Dinge von außen betrachten oder uns vorstellen, wir sprächen über einen guten Freund oder eine gute Freundin.

**A:** Akzeptiere nun das, was du erlebt hast, als etwas, das in der Vergangenheit stattgefunden hat und worüber du eventuell keine Kontrolle mehr hast, oder als etwas, das du nicht mehr ändern kannst. Wichtig ist: Was hast du für dich lernen können? Was ist das Positive, das du mitnehmen kannst? Häufig liegt in den ganz schlimmen Erlebnissen für uns die Möglichkeit der eigenen Erlösung. Es gibt viele Autobiografien von Menschen mit Schicksalsschlägen, die, nach ihren teilweise sehr schrecklichen Erfahrungen, einen neuen Sinn für sich im Leben gefunden haben. Was kannst du aus deinen Erfahrungen und Erlebnissen für dich mitnehmen?

Akzeptiere, dass du die Vergangenheit nicht mehr ändern kannst, aber dass du JETZT die Chance hast, dein Leben komplett zu ändern. Es bedarf nur der Entscheidung hierzu, der Rest wird wie eine Lawine folgen, wenn du der inspirierten Aktion folgst.

**V:** Verzeihe dir und allen Beteiligten für das, was passiert ist. Das heißt nicht, dass wir dies immer persönlich tun müssen. Ich weiß aus eigener Hand, wie schwer, wenn gar unmöglich das manchmal ist. Doch der erste Schritt ist der Wille der Vergebung, nicht das Vergessen. Oft werde ich gefragt, ob dies nicht bedeutet, dass wir dann das, was mit uns passiert ist, verharmlosen und gar vergessen. Nein, das tun wir nicht. Es geht darum, das Gift, das wir in uns tragen, loszulassen und Platz zu schaffen für das, was uns wirklich weiterbringt.

In dem Moment, in dem wir anderen und uns verzeihen können, löst sich der bittere Geschmack in uns auf und wir sind auf einmal bereits dafür, das Leben zu umarmen und als neue Chance wahrzunehmen. Das geht nicht, wenn wir an etwas festhalten, das es gar nicht gibt. Wir programmieren unser Unterbewusstsein dann ständig darauf, dass wir in Alarmbereitschaft sein müssen, weil gleich wieder ein Angriff kommt. Das ist auf Dauer nicht nur anstrengend, sondern macht uns auch krank. Ich glaube, dass viele Krankheiten heilen, wenn wir das, was uns widerfahren ist, oder das, was wir selbst verbockt haben, verstehen, akzeptieren und verzeihen.

Dieses Konzept ist sicherlich auch einer der großen Erfolgsfaktoren bei 12-Schritte-Gruppen wie den Anonymen Alkoholikern. Ich bin darauf ja schon etwas näher im Killer 7 (Seite 139) eingegangen. Dadurch, dass wir in so einem geschützten Raum einfach aussprechen können, was unsere persönliche Horror-Show den ganzen Tag lang so sagt, akzeptieren wir auch, was mit uns passiert ist. Wir erfahren keine Bewertung durch andere und so lässt auch unsere eigene Bewertung nach. Wir verstehen, was passiert ist, wir akzeptieren es und am Ende sind wir in der Lage, es zu verzeihen.

Damit haben wir einen großen Schritt in unsere eigene Freiheit und in unsere Authentizität gemacht. Wir können uns wieder darauf konzentrieren, glücklich und ein Beispiel für andere zu sein.

**LAST BUT NOT LEAST.** Ich danke dir vom Herzen, dass du dieses Buch zu Ende gelesen hast, denn nur wenn du voll und ganz in deinem Licht stehst, kannst du anderen ein Vorbild sein. Unsere Welt braucht diese Art von Lichtern. Wir sind bedroht von Klimawandel, Bürgerkriegen, fanatischen Politikern und von niedlichen Katzenvideos, die uns permanent davon abhalten, uns mit uns selbst zu beschäftigen.

Bin ich glücklich? Lebe ich das Leben, das ich leben will? Darf ich? Und vor allem – was wäre, wenn ich heute sterbe?

Ich behaupte gerne, dass wir in den sichersten Zeiten der Menschheitsgeschichte leben, und dennoch waren wir nie so unter Beschuss, was die Meinungen anderer angeht. Ein Blick in unser Smartphone und schon sind wir verunsichert, schon vergleichen wir uns und schon finden wir unser Leben nicht mehr lebenswert. Die Konsequenz davon sind oberflächliche Beziehungen, mangelnder Selbstwert und irgendwann ein klassisches Burnout. Wir verbiegen uns wie die Künstler bei Cirque du Soleil – nur ohne den tosenden Applaus. Das ist nicht nur frustrierend, sondern vor allem einfach nur anstrengend. Wie oft höre ich den Satz: Ich kann nicht mehr. Lass es nicht so weit kommen, sondern nimm dir deine Zeit und wage den Blick nach innen, unter all die Schichten, bis du dich wirklich nackt siehst.

Das bist du und du bist, so wie du bist, wundervoll. Je tiefer du nach innen schaust und je eher du bereits bist, zu verstehen, zu akzeptieren und zu vergeben, desto eher wirst du wieder zu deinem authentischen Ich finden.

**— Denn du bist genauso richtig**
**und KICK-ASS, wie du bist.**
**Ich glaube an dich.**
**Lots of love & let's kick ass! —**

**Deine Patricia**

# Danksagungen

Ich sage es kurz und knackig: vielen lieben Dank an all die lieben Menschen in meinem Leben, die mich stets darin motivieren, meinen Weg zu gehen, und mich auffangen, wenn auch ich mal wieder zu sehr meiner persönlichen Horror-Show zuhöre. Ja, auch vermeintliche Experten leiden darunter und ich glaube, dass der Sinn unseres Lebens darin besteht, immer tiefer in uns einzudringen und unsere verschüttete Liebe in uns zu finden. Das macht für mich wahre Authentizität aus. Niemand kann diesen Weg alleine gehen, daher bin ich umso dankbarer, so wertvolle Menschen in meinem Leben zu haben. Allen voran mein Ehemann Christian, der mein Herz jeden Tag aufs Neue berührt, mich wie ein Fels in der Brandung immer bedingungslos unterstützt und mich mit seiner authentischen und natürlichen Art jeden Tag inspiriert und zur glücklichsten Frau der Welt macht. Du verkörperst, was ich gerne sein möchte, und machst mich jeden Tag zu einem besseren Menschen. Danke dafür. Ich liebe dich. Dazu gehören natürlich auch meine beiden Herzensmädels: Sienna & Jella – danke, dass ich euch in eurem Leben begleiten darf und ihr mir die Welt mit euren liebenden Augen zeigt.

Zayed – my twin sister from another mister. Who would I be without our daily calls, therapeutic insights, spiritual wisdom and memory lane talks, innit? This book might have never been born if it wasn't for our daily pep talks. THANK YOU! I love you to the moon and back.

Lorena – tu eres mi hermana del alma. Ya sabes. Siempre camino contigo y estoy adegracida de tener una amiga como tu – tan bella, tan espiritual, tan tierna, tan fuerte, tan luchadora. Tienes mucha responsabilidad en mi crecimiento personal y the admiro mucho. Tu eres un ejemplo para mi de positividad y de alguien que mire al mundo con un corazón cariñoso. Te quiero mucho mi caleña. – tu polóca.

Eduardo - señor mágico - no hay palabras para describir lo que tienes tu como don. Siempre estaré adegracida por teniendo la chance conocerte y aprender de tí. Muchas gracias por toda tu ayuda - siempre.

Mamku – kocham Ciebie bardzo mocno – aż nie wiesz jak.

Gabski – I hope this book will be another kick in your British butt! Perhaps over some Lebanese food following a smashing Karaoke session in our favourite booth in Berlin.

Didlein – Du bist definitiv schuld am Cover ;-) und meine ewige-Energie-Steckdose. Danke, dass es Dich gibt.

Nicole – Du bist natürlich auch schuld am Cover und die beste Fotografin, die ich mir vorstellen kann. Danke für alles.

Silke – danke, dass ich in guten wie in schweren Zeiten immer auf Dich und Marco zurückgreifen kann. Schön, dass wir diesen Weg des persönlichen Wachstums bisher gemeinsam gehen konnten. Danke für alles.

Jacuś – bist Du mein mi amor?

Und last but not least möchte ich auch meinem Verlag TRIAS für das Vertrauen in mich und die liebevolle Umsetzung meiner Vision danken. Vielen lieben Dank an alle Beteiligten! Ihr seid einfach KICK-ASS!

# Buchempfehlungen


Bishop, Gary John: **Unfu*k Yourself:** Get Out Of Your Head And Into Your Life. HarperOne 2017

Brown, Dr. Brené: **Verletzlichkeit macht stark:** Wie wir unsere Schutzmechanismen aufgeben und innerlich reich werden. Kailash 2013

Byron, Katie/Mitchell, Stephen: **Lieben, was ist.** Wie vier Fragen Ihr Leben verändern können. Goldmann 2002

Byron, Katie/Mitchell, Stephen: **Ich brauche deine Liebe – ist das wahr?** Liebe finden, ohne danach zu suchen. Goldmann 2012

Donaldson-Pressman, Stephanie/Pressman, Robert M.: **The Narcisistic Family:** Diagnosis and Treatments. Jossey-Bass 1997

Dweck, Carole: **Selbstbild:** Wie unser Denken Erfolge und Niederlagen bewirkt. Piper Taschenbuch 2017

Dyer, Dr. Wayne: **Change Your Thoughts, Change Your Life.** Living the Wisdom of the Tao. Hay House Inc. 2007

Easwaran, Eknath: **Die Weisheit eines Yogi:** wie innere Veränderung wirklich möglich ist. O.W. Barth 2017

Forward, Susan: **Wenn Mütter nicht lieben:** Töchter erkennen und überwinden die lebenslangen Folgen. Goldmann 2015

Forward, Susan: **Vergiftete Kindheit:** elterliche Macht und ihre Folgen. Goldmann 1993

Forward, Susan: **Emotionale Erpressung:** Wenn andere mit Gefühlen drohen. Goldmann 2000

Konrad, Sandra: **Das bleibt in der Familie:** von Liebe, Loyalität und uralten Lasten. Piper Taschenbuch 2014

Maté, Dr. Gabor: **When The Body Says No:** Understanding The Stress-Disease Connection. WILEY 2013

Maté, Dr. Gabor: **In The Realm of Hungry Ghosts:** Close Encounters with Addiction. Vermilion 2018

Neff, Kristin: **Selbstmitgefühl:** Wie wir uns mit unseren Schwächen versöhnen und uns selbst zu unserem besten Freund machen. Kailash 2012

Sadhguru: **Die Weisheit eines Yogi:** Wie innere Veränderung wirklich möglich ist. O.W. Barth 2017

Strelecky, John: **Das Café am Rande der Welt:** eine Erzählung über den Sinn des Lebens. dtv 2018

Tolle, Eckart: **Jetzt!** Die Kraft der Gegenwart. Kamphausen Media GmbH 2010

Tolle, Eckart: **Eine neue Erde:** Bewusstseinssprung anstelle von Selbstzerstörung. Arkana 2015

**Bibliografische Information der Deutschen Nationalbibliothek**
Die Deutsche Nationalbibliothek verzeichnet diese Publikation in der Deutschen Nationalbibliografie; detaillierte bibliografische Daten sind im Internet über http://dnb.d-nb.de abrufbar.

Programmplanung: Celestina Filbrandt
Projektmanagement: Kathrin Hage
Redaktion: Magdalena Kieser

Umschlaggestaltung und Layout:
CYCLUS · Visuelle Kommunikation, Stuttgart
Bildredaktion: Christoph Frick
Bildnachweis
Umschlagfoto, Bild S. 3 und Autorenfoto:
www.nicolewahl.de
Bilder im Innenteil: Westermann + Buroh Studios, Hamburg
Zeichnungen: Christine Lackner, Ittlingen

1. Auflage 2020



www.trias-verlag.de

Printed in Germany

Satz: Fotosatz H. Buck, Kumhausen
gesetzt in Adobe InDesign CS6
Druck: AZ Druck und Datentechnik GmbH, Kempten

Gedruckt auf chlorfrei gebleichtem Papier

ISBN 978-3-432-11239-8 1 2 3 4 5 6

Auch erhältlich als E-Book:
eISBN (ePub) 978-3-432-11240-4

**Wichtiger Hinweis:** Wie jede Wissenschaft ist die Medizin ständigen Entwicklungen unterworfen. Forschung und klinische Erfahrung erweitern unsere Erkenntnisse. Ganz besonders gilt das für die Behandlung und die medikamentöse Therapie. Bei allen in diesem Werk erwähnten Dosierungen oder Applikationen, bei Rezepten und Übungsanleitungen, bei Empfehlungen und Tipps dürfen Sie darauf vertrauen: Autoren, Herausgeber und Verlag haben große Sorgfalt darauf verwandt, dass diese Angaben dem Wissensstand bei Fertigstellung des Werkes entsprechen. Rezepte werden gekocht und ausprobiert. Übungen und Übungsreihen haben sich in der Praxis erfolgreich bewährt.

Eine Garantie kann jedoch nicht übernommen werden. Eine Haftung des Autors, des Verlags oder seiner Beauftragten für Personen-, Sach- oder Vermögensschäden ist ausgeschlossen.

Geschützte Warennamen (Warenzeichen) werden nicht besonders kenntlich gemacht. Aus dem Fehlen eines solchen Hinweises kann also nicht geschlossen werden, dass es sich um einen freien Warennamen handelt.



**Datenschutz:** Wo datenschutzrechtlich erforderlich, wurden die Namen und weitere Daten von Personen redaktionell verändert (Tarnnamen). Dies ist grundsätzlich der Fall bei Patienten, ihren Angehörigen und Freunden, z. T. auch bei weiteren Personen, die z. B. in die Behandlung von Patienten eingebunden sind.